出勤主义行为
对员工工作绩效的影响研究

● 邱 菊 著

北 京
冶 金 工 业 出 版 社
2019

内 容 提 要

本书以我国企业为研究背景，以企业员工为研究对象，以资源保存理论与JD-R模型、社会交换理论和组织支持理论为理论基础，从内在激励与外在激励两个不同视角，分析出勤主义行为与员工工作绩效之间的影响机制，探求感知组织支持、工作投入作为调节变量和中介变量在出勤主义行为和员工工作绩效之间发挥的作用。

本书可供从事企业管理工作的专业人员阅读，也可供相关专业的高等院校师生参考。

图书在版编目(CIP)数据

出勤主义行为对员工工作绩效的影响研究/邱菊著.—北京：冶金工业出版社，2019.9

ISBN 978-7-5024-8191-9

Ⅰ.①出… Ⅱ.①邱… Ⅲ.①企业管理—人力资源管理—研究—中国 Ⅳ.①F272.92

中国版本图书馆CIP数据核字（2019）第176568号

出 版 人 谭学余
地　　址 北京市东城区嵩祝院北巷39号 邮编 100009 电话 (010)64027926
网　　址 www.cnmip.com.cn 电子信箱 yjcbs@cnmip.com.cn
责任编辑 戈 兰 美术编辑 彭子赫 版式设计 孙跃红
责任校对 石 静 责任印制 李玉山
ISBN 978-7-5024-8191-9
冶金工业出版社出版发行；各地新华书店经销；北京建宏印刷有限公司印刷
2019年9月第1版，2019年9月第1次印刷
169mm×239mm；10.75印张；206千字；159页
59.00元

冶金工业出版社 投稿电话 (010)64027932 投稿信箱 tougao@cnmip.com.cn
冶金工业出版社营销中心 电话 (010)64044283 传真 (010)64027893
冶金工业出版社天猫旗舰店 yjgycbs.tmall.com
（本书如有印装质量问题，本社营销中心负责退换）

前　言

出勤主义行为（presenteeism）作为企业管理中一种行为现象存在已久，西方国家的学者 Smith 自 20 世纪 70 年代就已经提出这一概念，至今已经有约 50 年的历史了。首先，全球的市场环境、经济发展水平和科学技术进步的速度已经发生了翻天覆地的变化，人口老龄化速度的加快也影响着劳动力的个体特征与健康状况，企业之间的竞争更多的体现在对于人才即人力资源的争夺，不同年代和环境背景下研究出勤主义行为对于员工绩效、企业管理和企业长远发展具有重要的意义。其次，梳理 2000~2018 年之间国际关于出勤主义行为的文献发现，学者们从不同角度、学科领域、研究方法和测量工具等方面展开了大量复杂的理论与实证研究，但相比美国和英国的成熟研究，我国国内文献无论从质量上还是数量上都比较薄弱，具有很大的发展空间。再次，中国的儒家文化和组织环境比较注重员工“坚韧、顽强和勤奋”的价值观和个人品质，与西方组织文化崇尚自由、民主等特征以及相关的政策制度有所不同。可见，丰富和完善我国文化背景下出勤主义行为对员工工作绩效的影响机制研究，以及探讨多变量之间相互作用的实证分析具有深远的意义。

本书是在作者攻读博士学位期间充实和修改完成的，以我国企业为研究背景，以国内 9 个城市 486 名企业员工为研究对象，从内在激励和外在激励两个视角探讨出勤主义行为、感知组织支持、工作投入和员工工作绩效变量各维度之间的内在联系以及影响机制。组织层面上看，可以进一步降低组织潜在管理成本和经济成本，尝试提出有效科学的预防和干预措施，为组织探索出勤主义行为的干预策略提供现实依据，营造和谐向上的组织氛围环境，为企业长远、健康、稳定的发展提供帮助；管理者层面上看，为管理者制定有效的组织制度和管理政策提供建议与参考，提高管理水平，创新管理方法，为管理者科学的实施管理行为提供依据，帮助企业建立良好的人际网络关系，提高个体与组织绩效；员工个体层面上看，帮助员工缓解因带病工作而产生的工作压力和负面心理情绪，提高员工工作绩效，为改善自身心理和身体健康状况提供建议与对策，构建和谐的管理者、员工和同事之间亲密的关系网络，提升员工工作及生活质量，促进企业和谐健康发展。

本书有以下几个特点：

（1）本书提供了新的理论框架（资源保存理论与 JD-R 模型、社会交换理论和组织支持理论为理论基础）、新的研究环境（我国企业）和新的研究视角（出勤主义行为、工作投入、感知组织支持和员工工作绩效变量关系），丰富了国内关于出勤主义行为的理论和实际研究。

（2）对于出勤主义行为这一热点问题的评述显然不是本书唯一的研究重点，作者还对我国企业在实施管理过程中的出勤主义行为、工作投入、感知组织支持和员工工作绩效之间的关系进行了实证研究，并提出详细的政策建议和指导，为组织和企业管理者实施科学有效的管理制度和管理方法提供建议和依据。

（3）本书结构紧凑，研究逻辑框架清晰。每个需要解决的问题都遵循了理论分析、实证检验和提出建议这样的一个基本框架，综合运用 CiteSpace、SPSS20.0 和 AMOS24.0 等软件展开了探索性因子分析、验证性因子分析和多层次回归分析等实证分析，保证了结果与结论的有效性和可靠性，这种清晰的框架结构能够使读者一目了然。

本书受到 2019 辽宁省科技计划项目（公益研究基金计划 D 类项目）（2019JH4/10100043）支持。

出勤主义行为研究是我国组织行为学领域当前一项理论性和实践性非常强的重大课题，尽管在成书过程中做了充分的准备和认真论证分析，然而仍存在一些不足以及有待完善的地方，比如：自我报告式调查问卷带来的数据偏差、本土量表的持续开发和研究范围的局限性等。因此，对于某些问题的论述还有待于强化，研究结论、对策和建议可能存在偏差，对此需要进行长期考察和跟踪研究。

由于作者水平有限，本书可能存在一些疏漏之处。为此，恳请广大读者批评指正，以便修改完善。

作　者

2019 年 7 月

目 录

第1章 绪论

1.1 选题背景

1.1.1 现实背景

随着经济快速发展与政治环境不断变化，面对有限的市场资源和科技飞速发展的时代背景，企业的运营和管理面临着巨大挑战及压力。从近几年年报数据披露可见，大量公司纷纷呈现了“增量不增收”的窘境，它们不得不选择组织“瘦身”或资本重组等组织变革模式，及时调整组织环境和组织结构，降低企业成本和运营费用，进而提高竞争力和经济效益。自2012年以来，我国各大行业迎来了组织瘦身即裁员的热潮。❶ 在紧张的气氛中，员工对于裁员的不确定感引发了大范围的“幸存者综合症”，❷ 这不仅大大削弱了企业生产力，对于员工心理调控能力也造成了严重的负面影响。为了争取优质的组织资源，帮助企业创造更大的价值，员工会选择延长工作时间或带病工作。学者Smith（1970）将带病出勤工作的行为称为出勤主义行为（presenteeism）。

此外，全球组织正面临着劳动力老龄化的困境，员工的个体特征与健康状况也会发生明显变化，出勤主义行为会变得越来越普遍。联合国日前发布的《世界人口展望》（2017修订版报告）中指出越来越多的国家进入了低生育水平，导致人口老龄化的进程持续加剧。全球60岁及以上人口数量为9.62亿，占人口总数比例为13%，并以每年约3%的速度增长。加拿大的一项研究（2015）结果表明：2026年会有20%加拿大人的年龄达到或者超过65岁。Manton等人（2007）提出美国城市劳动力的平均年龄将从1984年的35岁提高到2014年的42岁，将会有21%的劳动力超过55岁。2012年联合国人口基金会的报告指出，截至2050年中国超过60岁的人口将占人口总数的35%，几乎是现状的两倍，中国将成为世界上老龄化最严重的国家之一。换句话说，未来中国将有近5亿的人口都是老人。世界卫生组织通过研究发现，劳动人口老龄化带来的生理机能减退使得劳动

---

❶ 财新网相关报道：http：//finance. caixin. com/2012 /jinrongjigoucaiyuanjianxinji /index. html

❷ 幸存者综合症是指短期内，员工的心理调控能力因为裁员的不确定感的影响难以恢复，具体表现为动机冲突、挫折情景和人际关系失调等。（李后建，何锐. 裁员不确定感、心理调控与员工绩效——组织干预感知的调节作用［J］. 软科学，2013，27（2）：109-112.）

力的健康状况变得恶化，比如糟糕的睡眠质量影响着个体脑力与体力的付出，同时积极的工作热情和专注的工作投入程度也会下降，甚至带来各种各样复杂的疾病。员工的出勤主义行为（带病出勤工作）最终将影响组织绩效与企业长远、健康发展，这一态势引起了全球组织对个体生产力的担忧。

出勤主义行为是一种突出、复杂和普遍存在的现象（Dew，2005），严重影响着个体绩效和组织的长远发展。员工带病出勤工作的现象存在已久，而且面临着越来越严重的趋势。Ozminkowski 等人（2003）通过调查研究提出由于健康等身体问题导致员工无法全心投入工作的现象或行为很普遍。Biron 等（2006）指出 2005 年加拿大政府大约 74.1%的员工存在带病工作的情况。前程无忧的调查报告发现，2010 年我国大约 74%的员工在生病时会选择带病坚持工作，而 2017 年这个比例提高了 6 个百分点达到 80%。人们在生病期间仍选择出勤工作的原因是复杂的（McKevitt et al.，1997），比如他们认为某些任务不能等待或委派。根据美国传染病基金会（National Foundation for Infectious Diseases）2004 年关于员工带病出勤行为原因的综合调查表明：约 60%的员工担心自己的工作任务没有完成；48%的员工对错过工作感到内疚；20%的员工担心老板会生气；18%的员工担心失业或与其相关的其他后果。此外，出勤主义行为对个体和组织造成了严重的影响。Hemp（2004）提出出勤主义行为每年给美国公司造成超过 1500 亿美元的损失，而且这种损失难以发现和察觉。缺勤的损失只是冰山一角，而出勤主义行为是隐藏在冰山之下的隐形支出，它带来的经济成本会远远超过员工缺勤的成本和雇主为员工健康付出的成本（Carlo，2016），包括个体健康、生产力和工作绩效，以及领导者与下属之间关系、组织文化建设和组织绩效等方面（Lu et al.，2014；Strömberg et al.，2017；Kinman & Wray，2018）。

个体心理、态度影响着行为和结果，也影响着整个组织的利益和发展（王雁飞，2018），因此，企业如何实施科学有效的干预与激励措施，如何提高个体与组织绩效一直是组织行为学、心理学和管理学等研究领域关注的焦点。员工是组织的核心动力，是重要的组织资源，也是组织变革的最终承担者。员工的健康状况、坚韧乐观的积极特质和感知组织支持的能力，都会影响工作投入的程度，进而改变工作绩效。一直以来，企业将员工长时间的持续工作行为认定是高生产率的标志，却忽略了其他关键的因素。现如今，随着管理学领域理论与实证研究的不断进步，现代管理理论已经从科学管理阶段发展到人本管理和文化管理阶段（林新奇，2017），组织以及管理者开始注重员工的个性化培养和人文关怀，比如：企业开始抵制员工在生病期间工作，给予生病员工提供病假的福利与政策选择等支持，这种进步是社会进步的结果，也是对出勤主义行为（presenteeism）的全面认识（Ray，2007）。因此，在特定经济时代背景下，出勤主义行为对员工工作绩效产生了哪些影响，员工工作投入与组织支持是否起到了干预与激励作用等，这些问题对于企业长远发展具有重要的实际意义。

1.1.2 理论背景

自2000年以来，学者们从不同的角度、学科领域、研究方法、研究对象和测量工具等方面，针对出勤主义行为展开了大量复杂的理论与实证研究，但关于其影响机制的实证研究数量相对较少，具有很大发展空间。

国际关于出勤主义行为研究处于较为成熟的阶段。20世纪70年代学者Smith将其定义为缺勤主义（absenteeism）的反义词，开启了出勤主义行为的研究进程。以美国Web of Science™ Core Collection（简称WoS）❶核心数据库文献为来源，搜索时间范围在2000~2018年文献类型为“article”、主题为“presenteeism”的期刊文献共计1041篇。其中：来自美国的文献392篇，占到总数的37.7%；来自英国的文献140篇，占到总数的13.5%；来自中国的文献16篇，仅占到总数的1.5%。这1041篇文献的被引频次总计为20062次，平均每年被引的频次达到1055.89次，有43篇文献被引频次超过100次，最多的一篇文献被引频次达到603次之多。❷ 根据WoS核心数据库中的学科分类划分，这期间发文数量最多的学科为公共环境职业健康，排在第六位的管理学呈现上升趋势，可见国际出勤主义行为研究已经从社会心理层面逐渐向管理学、组织行为学等跨学科领域拓展，并得到了来自人力资源管理、流行病学、心理学等众多领域学者的广泛关注，从理论和方法上提供了坚实的应用基础。

国内研究无论从质量还是数量上看都比较薄弱，具有很大的发展空间。由于语意文化差异，国内学者对于“presenteeism”的解释有所不同，主要分为“出勤主义行为”、“隐性缺勤”“健康相关工作效率低下”三种方式，因此以主题词“presenteeism”进行搜索更为准确和科学。在知网CNKI中搜索2000~2018年核心及以上级别文献，去除无效文献共搜索到有效高质量期刊13篇，其中包括综述类文献7篇，实证分析类文献6篇。陆星雨（2017）以非随机抽样的方法针对上海3家单位的1789名在职员工进行了关于心理一致感与隐性缺勤（presenteeism）之间关系的问卷调查，提出高水平的心理一致感有助于减少隐性缺勤的发生。唐楠（2017）通过调查580名基层医务人员进行隐性缺勤的相关研究，得出隐性缺勤负向影响个体的正念水平和自我效能感。梳理文献后发现，实证分析类文献中有4篇将出勤主义行为作为因变量进行研究，有1篇将出勤主义行为作为自变量进行研究，还有1篇将出勤主义行为作为中介变量进行研究。

---

❶ WoS核心数据库收录了来自全球10000多种学术期刊的学术文献，提供社会科学、自然科学和人文艺术学科等大量研究资料，并均经过严格遴选，位居世界六大检索数据库之首，被广泛用于科研评价与政策制定等研究，在学术界享有较高权威。

❷ 数据来源于WoS核心数据库。

可见，关于出勤主义行为与员工工作绩效影响机制研究的实证文献数量较少，且涉及变量分析的角度、实证方法和研究情景也相对单一和简单。学者将出勤主义行为作为前因变量即其决定因素方面已经进行了大量的研究，主要集中在个体因素、工作因素或组织压力等方面（Hansen & Andersen，2008；Collins & Cartwright，2012；Robertson et al.，2012）。但对于出勤主义行为的影响结果与机制的研究相对来说较少，大多关注对个体健康的影响以及货币化的生产力减损等方面。此外，在出勤主义行为与员工工作绩效之间关系研究上，得出的结论也不尽相同。一方面，有学者认为出勤主义行为对员工工作绩效存在消极影响。Turpin（2004）提出出勤主义行为会给组织带来生产力的损失；Lu（2014）提出员工的出勤主义行为对身体健康和心理健康存在负向关系；McClearn（2010）认为出勤主义行为会降低员工的工作满意度，因此造成生产力的减损和下降。另一方面，有学者认为出勤主义行为与员工工作绩效存在正向影响。Miraglia（2013）以管理者对员工进行工作绩效评价的方式，得出结论出勤主义行为能够正向影响员工工作绩效。此外，在进行出勤主义行为与员工工作绩效之间关系的研究中，大多国外文献仅仅从个体的内在激励或外在干预等单一角度进行分析，在变量的选择上缺乏多角度多层次的变量之间相互作用的实证分析。

通过对比国内外核心文献发现，学者关于出勤主义行为展开了大量的理论与实证探索研究，极大地丰富了其理论体系和研究框架。但在出勤主义行为与员工工作绩效关系的实证分析上，现有文献的研究领域、角度和方法较为简单，具有较大的研究空间。因此，丰富和发展出勤主义行为对员工工作绩效的影响机制研究，以及探讨多变量之间相互作用的实证分析具有重要理论意义。

1.1.3 跨文化研究背景

我国企业背景下出勤主义行为影响机制的研究具有更加重要的意义。从国内外文献数量的对比来看，WoS 核心数据库中关于出勤主义行为的文献数量远远多于其在国内 CNKI 数据库的核心文献数量，可见现有的文献资料主要来源于西方文化背景下的研究，国家的文化背景、政策制度不同，研究的结论也不同。Claes（2011）指出，高社会福利的国家如丹麦和瑞典，通过税收资助系统支出可以抑制出勤主义行为的出现；相比之下，英国的福利制度会促进出勤主义行为的产生。Evans-Lacko（2016）评估了八个不同国家（巴西、加拿大、中国、日本、韩国、墨西哥、南非和美国）的出勤主义行为成本，其中美国和巴西分别为 5524 美元和 5788 美元最高，并提出出勤主义行为相关的费用往往比缺勤的成本高出 5~10 倍。Lu（2013）通过实证研究发现，中国员工比西方员工表现出更高水平的出勤主义行为。因此，在中国特有的传统文化和价值观体系背景下，员工出勤主义行为的内涵以及动机与西方文化下的研究可能有所不同，出勤主义行为频率会相对更高。

首先，作为一种职业保护或职业提升的策略和手段，中国情境下的出勤主义行为不仅能够突显员工对于组织的忠诚与投入，还能在员工与领导之间建立一种心理契约来保障工作安全（胡文娟，2015），但也因此他们可能会承受更大的疾病压力和风险。其次，华人向来注重人际关系和谐与集体主义利益，受集体主义价值观的影响，“不给组织拖后腿”、“不给同事添麻烦”、努力工作等从小就被传承或灌输成是一种美德（Lu，2013），也被看做对组织和管理者强烈的承诺感和忠诚度。最后，儒家文化中坚韧、顽强和勤奋等价值观鼓励员工为工作牺牲自己，类似忍耐、刻苦、坚持这样的工作价值观可能带来的就是敬业的、上进的、有责任心的员工（Cooper，1996），这些优秀品质潜移默化的影响着中国员工的价值观和行为。因此，中国情境下出勤主义行为对员工工作绩效的积极或消极影响，以及工作投入和组织支持能否起到激励的作用，需要经过严谨的实证分析来证明，如何兼顾组织利益和员工幸福感保障员工和组织的健康变得越发重要。

Johns（2014）提出现有出勤主义行为的文献主要集中于健康和心理学领域，组织行为学领域的研究较少。因此，中国情境下以中国企业和员工为研究对象，出勤主义行为与员工工作绩效之间存在何种关系？什么因素能够影响出勤主义行为与员工工作绩效之间的关系？感知组织支持与工作投入在干预出勤主义行为和员工工作绩效过程中发挥着怎样的作用？从积极心理学的角度如何增加员工的工作投入，调动员工积极性来更好的保障组织和员工的健康与长远发展，为管理者的实践提供何种理论依据与参考等问题值得探究与分析。

1.2 研究意义

1.2.1 理论意义

本书以资源保存理论与 JD-R 模型、社会交换理论和组织支持理论为基础，探讨出勤主义行为对员工工作绩效的影响机制，丰富了我国企业背景下的相关理论研究。

（1）国外对于出勤主义行为研究较早且较为成熟，以美国和英国为代表无论从文章数量还是质量上都占据了重要地位。但国内出勤主义行为相关的研究文献数量较少，其中包含国外文献的研究综述，缺乏严密科学的本土化实证研究。因此中国情景下出勤主义行为影响机制的实证研究空间较大，具有重要的理论意义。

（2）梳理现有文献发现，出勤主义行为与其他成熟学科研究相比仍有很大距离，缺乏统一有力的理论基础支撑。我们将资源保存理论与 JD-R 模型、社会交换理论和组织支持理论引入到出勤主义行为与员工工作绩效关系的影响机制研究中，以此作为研究假设的理论依据与实证分析的支撑，丰富了相关研究的理论基础。

（3）引入工作投入作为中介变量，探求出勤主义行为对员工工作绩效的内在激励路径，丰富了工作投入的理论研究。梳理文献发现没有关于出勤主义行为、工作投入与员工工作绩效三个变量各维度之间关系的研究，我们从个体层面出发，分析工作投入各维度对于出勤主义行为与员工工作绩效各维度的相互作用，探索出勤主义行为影响工作绩效的内在因素。

（4）引入感知组织支持作为调节变量，探求出勤主义行为对员工工作绩效的外在激励路径，丰富了感知组织支持的理论研究。梳理文献发现没有关于出勤主义行为、工作投入、感知组织支持与员工工作绩效四个变量维度之间关系的研究，本研究从组织层面出发，分析感知组织支持对于工作投入与员工工作绩效及其各维度的相互作用，探索出勤主义行为影响工作绩效的外在因素。

1.2.2　实践意义

本研究以我国企业为研究背景，以企业员工为研究对象，探讨出勤主义行为、感知组织支持、工作投入和员工工作绩效变量各维度之间的内在联系以及影响机制。从内在激励和外在激励两个视角进行研究，提高员工工作绩效，降低出勤主义行为的消极影响，对企业的实际管理工作提出一定指导和建议，具体分析如下：

（1）组织层面。出勤主义行为的影响结果如同冰山理论的沉没成本，是组织潜在的未来支出。通过对出勤主义行为、感知组织支持、工作投入和员工工作绩效四者之间关系的实证分析，可以探究出勤主义行为对员工工作绩效的影响机制。进一步降低组织潜在管理成本和经济成本，尝试提出有效科学的预防和干预措施，为组织探索出勤主义行为的干预策略提供现实依据，营造和谐向上的组织氛围环境，为企业长远、健康、稳定的发展提供帮助。

（2）管理者层面。通过研究感知组织支持的调节作用，明确上级支持和同事支持在出勤主义行为、工作投入与员工工作绩效之间起到的调节效应。从外在激励的角度激发员工的热情，为管理者制定有效的组织制度和管理政策提供建议与参考，提高管理水平，创新管理方法，为管理者科学的实施管理行为提供依据，帮助企业建立良好的人际网络关系，提高个体与组织绩效。

（3）员工个体层面。通过研究员工工作投入的中介作用，明确活力、奉献、专注在出勤主义行为与员工工作绩效之间起到的中介效应。从积极心理学的内在激励角度，帮助员工缓解因带病工作而产生的工作压力和负面心理情绪，提高员工工作绩效，为改善自身心理和身体健康状况提供建议与对策，构建和谐的管理者、员工和同事之间亲密的关系网络，提升员工工作及生活质量，促进企业和谐健康发展。

1.3 研究目标与研究方法

1.3.1 研究目标

通过查阅和梳理大量国内外文献资料，发现现有研究很少以中国情景为研究背景进行出勤主义行为影响机制的实证分析。我们在此基础上确定了四个主要研究变量，并进行数据统计分析与实证研究。研究目标如下：

（1）梳理出勤主义行为的国内外文献资料，采用科学文献计量分析的可视化方法，从科学知识图谱的角度展示国际出勤主义行为领域的研究现状、研究主题和发展演化过程。

（2）以我国企业员工为调查问卷的研究对象，进行多层回归等实证数据分析，探求中国情景下出勤主义行为内涵及特征，以及出勤主义行为与员工工作绩效之间的主效应影响研究。

（3）从内在激励角度出发，探讨工作投入变量的中介作用，以及工作投入各维度影响出勤主义行为与员工工作绩效各维度之间关系的心理机制。以个体层面提出可行有效的激励措施，避免员工因出勤主义行为带来的负面情绪及心理影响，提高员工工作及生活质量。

（4）从外在激励角度出发，探讨感知组织支持变量的调节作用，以及不同维度和不同程度的感知组织支持在工作投入各维度与员工工作绩效各维度之间的调节作用影响。以组织层面提出有效可行的干预措施，为管理者实施科学有效的管理行为提供建议与借鉴。

（5）为企业管理实践提供科学可靠的理论依据和意见参考。从组织、管理者和员工层面出发，阐述实证结果对于组织或管理者在实际工作中的指导意义，帮助组织完善科学的管理体系，管理者实施有效的管理方法，提高员工幸福感。

1.3.2 研究方法

为了保证实证分析的科学性和严谨性，首先，采用文献研究与科学知识图谱相结合的方法进行文献梳理与研究，为后续假设的提出与理论论述提供保证。其次，严格控制小样本与大样本数据的搜集、量表的设计与修正等环节，保证调查问卷的真实性和数据的有效性。最后，进行科学规范的实证检验与分析，得出研究结论。

1.3.2.1 文献计量分析法

采用文献研究与科学知识图谱相结合的方法进行文献梳理与分析。我们以世界六大检索数据库之首的 WoS 核心数据库为英文文献的数据来源，以全球信息量最大、最具价值的中文网站 CNKI 数据库为中文文献的数据来源，保证参考文献的权威性和可靠性。通过广泛查阅和整理国内外核心文献资料，提出本研究的理论框架和研究假设，为后续的论述提供保证。此外，运用知识图谱方法进行科学计量学的可视化网络分析，以图和谱的形式展示学科领域发展的整体脉络，通过年代分布、国家分布和学科分布进行数理统计分析帮助文献的归纳与整理，利用 CiteSpace 软件绘制国际出勤主义行为研究的知识图谱，以网络聚类和时区视图等技术清晰展示知识图谱结构，以探求热点主题与发展趋势。

1.3.2.2 实证分析法

为了提升研究结论的可靠性和科学性，本研究采用问卷调查法进行实证分析数据的采集，运用统计软件 SPSS20.0、AMOS24.0 作为数据的实证分析工具。具体实施分析与论证过程，包括描述性统计分析、信度和效度分析、相关分析及回归分析等。

问卷调查法是展开实证研究的重要工具，也是心理学、管理学和社会统计学研究过程中应用最为广泛的方法之一（陈晓萍等，2012），借助这一工具对社会活动过程进行准确、具体的测定。由于测量表的质量对于实证结果分析具有至关重要作用，因此本研究调查问卷既借鉴了国外学者的成熟量表，又考虑了国内学者在已有量表基础上根据中国情境修正的本土化量表。在调查问卷的设计上，采取了规范的措施来控制问卷偏差或系统误差等问题。在调查问卷的发放上，一部分是由作者本人亲自现场发放与回收，一部分委托家人和朋友在其企业内部代为发放与回收，少量问卷通过网络的形式进行填写。为提高真实性和数据的完整性，调查问卷以纸质版形式为主，以电子版形式为辅，填写调查问卷的被试者每人可以免费获得精美礼品一份或微信红包作为感谢，来保证数据质量。

描述性统计分析主要通过样本的总体描述来了解调查对象的基本特征，降低系统误差。我们从被试者基本信息和企业基本信息两个角度进行研究，主要测量指标包括：均值、极值、标准差以及人口统计学的相关数据。

信度分析用来判断量表的有效性和内部一致性。一般通过 Cronbach's α 值来衡量量表信度的高低，Cronbach's α 值的正常取值范围为（0，1），数值越是接近 0，表示量表各题项间的相关性越小，量表的内部一致性也越小，反之则越高。此外，校正项的总体相关系数（CICT）是指评估项目与其余评估项目总分的简单相关系数，也是衡量量表信度的另一个重要指标。一般来说，当量表中题项的 CICT 数值大于 0.3 以上时都应该予以保留（卢纹岱，2002）。

效度分析又称为测量的准确性（徐淑英等，2008），用来判断量表能否准确测量潜在概念的有效程度。因此，量表的效度系数越高，说明能够准确测量概念的程度越高。常用的实证检验指标为内容效度和构念效度。内容效度是针对问卷内容设计的适切性进行定性的分析，比如成员间的座谈或专家进行讨论（Kidder & Jedd，1986）。本研究首先进行了大量的文献研究与梳理，充分了解各个变量的定义、内涵以及特征。其次，采用了已经在中国情境下均得到很好应用及检验的成熟量表。最后，预测试量表是经过了学术团队、企业管理研究领域的学术专家和行业实践的管理者的反复修正和调整形成，以此来保证调查问卷的内容效度。构念效度用来衡量量表的测量结果与构念的理论定义之间契合程度（Uma Sekaram，2005），包括聚合效度以及判别效度。最常使用的检验方法为因子分析法（吴明隆，2009），即探索性因子分析（EFA）和验证性因子分析（CFA）。本研究综合采用两种分析方法，先提取公共因子，再探究各变量的因子结构是否与理论预期相一致。

相关分析用于探究变量间的相关程度以及具体的相关方向。检验相关分析的方法分为 Pearson 相关系数、Spearman 等级相关系数和 Kendall 相关系数，本文采用 Pearson 法进行变量间的相关性分析。相关分析的系数取值范围为（-1，1），当系数数值越是接近 0，说明变量间相关性越强，反之越弱。

回归分析是实证研究中最为普遍的方法之一，用来测量两个及以上变量之间的统计关系和变化规律，解释变量与被解释变量之间的因果关系以及影响程度。回归分析通常以理论假设为基础，结合收集的数据进行模型的实证分析，检验实证分析结果与理论假设的提出是否一致。本文采用层次回归法来逐一检验实证分析结果与理论假设，从而得出最终结论。

1.4 研究思路与内容框架

1.4.1 技术路线

我们通过现实背景、理论背景和跨文化研究背景的分析，提出研究问题的主题。在查找和阅读大量国内外文献资料的基础上，结合科学文献计量分析法梳理关于出勤主义行为、感知组织支持、工作投入和员工工作绩效的研究综述。以资源保护理论、JD-R 模型、社会交换理论和感知组织支持理论为理论基础，进行研究模型的构建和假设的提出。此外，科学设计调查问卷并进行各个变量的界定以及测量量表的确定，从而进行小样本的预测试与修改，确定正式调查问卷。最终，进行严谨规范的大样本实证分析，得出研究结论。研究技术路线如图 1-1 所示。

1.4.2 内容框架

本书以我国企业为研究背景，企业员工为研究对象，以资源保存理论与 JD-R 模型、社会交换理论和组织支持理论为理论基础，从内在激励与外在激励两个不同视角，分析出勤主义行为与员工工作绩效之间的影响机制，探求感知组织支

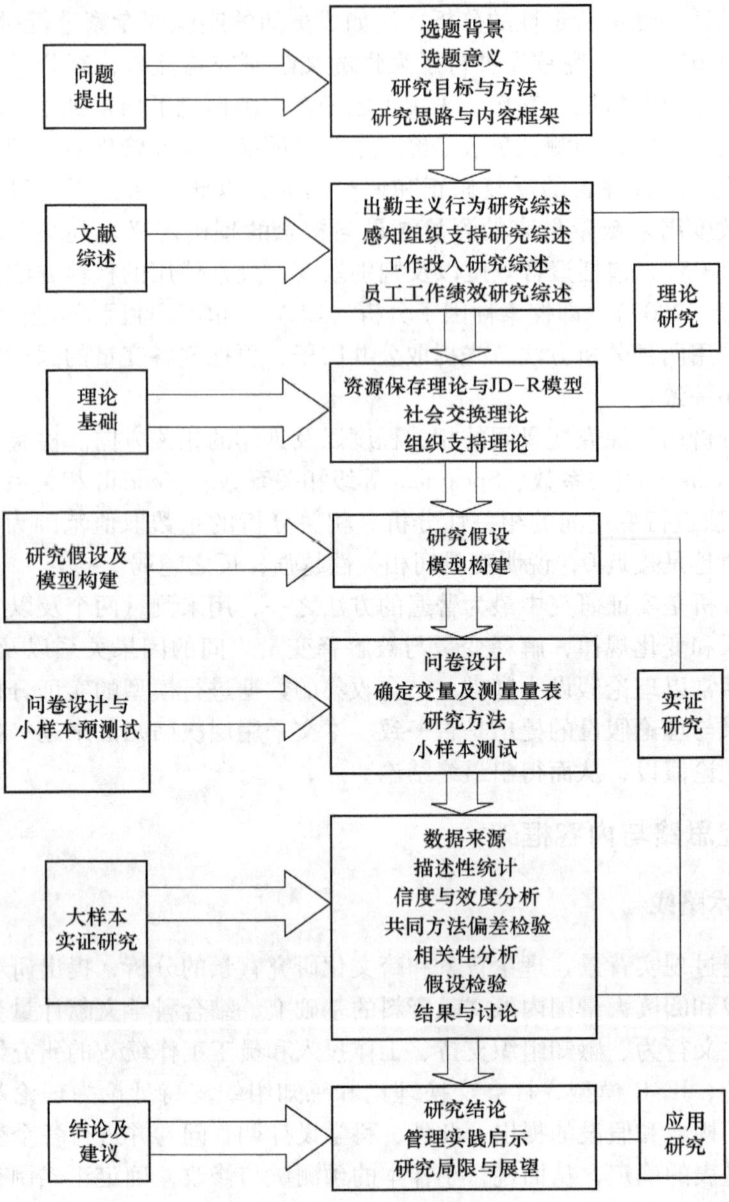

图 1-1 技术路线图

持、工作投入作为调节变量和中介变量在出勤主义行为和员工工作绩效之间发挥的作用。通过构建一系列研究模型，进行科学严谨的实证分析检验，得出最终结论，为组织与管理者提供有效的建议与对策。安排如下：

第 1 章绪论。本章在深入分析现实背景、理论背景和跨文化研究背景基础上提出研究问题，阐述理论意义与实践意义，明确研究目标和研究方法，规划研究路线以及创新点，从而形成本研究的总体框架。

第2章文献回顾。本章重点进行出勤主义行为、感知组织支持、工作投入和员工工作绩效，以及变量之间关系的国内外文献的梳理与综述。详细阐述了每个变量的内涵界定、维度划分、量表分类以及与变量相关的影响研究，针对现有文献研究中存在的不足给予评述，以此提出本研究探索的方向，为后面研究模型和理论假设的提出做好铺垫。此外，针对本研究的自变量“出勤主义行为”进行了科学计量学的可视化网络分析，运用知识图谱的方法清晰地展现国际出勤主义行为研究的现状与发展演化，为后续深入研究提供依据。

第3章模型构建与理论基础。本章将资源保存理论与JD-R模型、社会交换理论和组织支持理论引入到出勤主义行为与员工工作绩效关系的研究中，通过经典的理论基础建立研究模型，深入剖析出勤主义行为、感知组织支持、工作投入和员工工作绩效变量之间的内在关系，提出本研究的研究假设。

第4章问卷设计与小样本预测试。本章主要明确了以中国情景、企业员工为研究对象，结合问卷设计原则与问卷偏差等问题的控制完成问卷的设计工作，采用国内外已经被证实过的成熟量表为基础，确定每个变量的维度与题项，与学术团队、学术专家和行业管理者探讨进行内容效度的修正与调整，形成最初的预测试问卷。接着选取适合的企业和员工发放问卷并回收，得到小样本的数据。在此基础上运用SPSS20.0进行样本进行描述性统计分析、信度和效度分析等，通过严谨科学的实证分析过程，对预测试问卷进行完善和修改，确定正式的调查问卷。

第5章大样本实证分析。本章依据正式调查问卷，遵循小样本调查问卷的发放原则，进行大范围的调查问卷的发放与回收。在收集到的有效数据基础上运用SPSS20.0、AMOS24.0进行数据处理与实证分析。通过规范的实证步骤对之前提出的理论假设逐一进行验证，并且对得到的结果及其背后可能的原因进行深入的评价与总结，探讨研究变量及各维度之间的内在关系。这是本文的实证核心之处。

第6章结论与展望。本章首先对实证部分得到的结论进行总结，并做出相应的解释与分析。其次从改善出勤主义行为、提高员工工作投入、感知组织支持提升以及增加员工工作绩效等四个方面提出思考或建议，为组织或管理者进一步的调整改进或完善管理制度给予参考和借鉴。最后指出研究局限和未来研究的方向。

1.5 创新之处

本研究提供了新的理论框架，从内在激励和外在激励多角度进行了我国企业背景下出勤主义行为对员工工作绩效影响机制的分析，提供了新的研究环境和研究视角。与以往的研究相比，本研究创新点如下：

（1）将资源保存理论与 JD-R 模型、社会交换理论和组织支持理论引入出勤主义行为、工作投入、感知组织支持和员工工作绩效变量关系的分析中，使原有理论基础进一步拓展和补充，为后续研究提供新的理论框架与支撑。

（2）揭示了中国文化背景下出勤主义行为的动机与影响机制。国外关于出勤主义行为研究大多来源于西方文化背景，以本国组织环境和企业员工为研究基础，集中于出勤主义行为前因变量（形成动机或成因）的分析，少有的影响机制研究集中于货币化的生产力减损和对员工健康带来的风险等方面。国内关于出勤主义行为实证研究的数量较少，影响机制的实证研究则更少。本研究以中国企业和员工为研究基础，为出勤主义行为对员工工作绩效的影响机制分析提供了新的研究环境。

（3）验证了工作投入的中介作用和感知组织支持的调节作用。国外文献大多以变量之间单维度关系研究为主，本研究进行了变量各维度之间相互作用的探讨。从内在激励角度，探讨工作投入的中介作用以及重要的活力、奉献和专注等个体积极特质因素，丰富了工作投入的中介作用研究。从外在激励角度，探讨感知组织支持的调节作用以及重要的上级支持、同事支持等组织情景因素，丰富了感知组织支持的调节作用研究。

第2章 文献综述

本章采用科学文献计量分析与文献研究相结合的方法，运用 CiteSpace 软件梳理大量国内外核心文献，针对出勤主义行为、工作投入、感知组织支持和员工工作绩效研究领域的相关内容进行综合分析与思考整理，为后续研究模型的构建与理论假设的提出奠定基础。

2.1 出勤主义行为研究综述

2.1.1 出勤主义行为的内涵

出勤主义行为作为企业管理中一种行为现象存在已久。20 世纪以来，随着国际经济环境和竞争市场的日益变化，企业面临着组织变革的严峻挑战，社会环境和组织环境影响着员工的工作行为与身心健康，出勤主义行为现象越来越普遍，受到了大量学者的关注与重视。但对于出勤主义行为的概念与界定却仍旧模糊不清，学者主要从生产力减损、经济成本支出和不健康的雇佣关系等角度进行了大量的研究。主要观点分为三大类，具体总结如表 2-1 所示。

第一种观点是将出勤主义行为视作缺勤的反向概念（Smith，1970）或者是突出的出勤表现（Stolz，1993）。这一定义强调出勤主义行为的积极效果，却忽视了可能存在的负面影响，并没有学者进行相关的深入系统梳理与研究。

第二种观点是从行为原因和结果与生产力之间的关系来界定出勤主义。这种观点源自北美学者，他们主要关注出勤主义行为产生的动机（健康因素和非健康因素）对组织生产力的消极影响。

一方面是健康因素的出勤主义行为，也称为疾病出勤主义行为（sickness presenteeism）或隐性缺勤行为（刘贝妮，2016），临床医学学科的学者针对不同疾病种类进行了深入的研究，如肥胖（Finkelstein，2010）、强直性脊椎炎（ankylosing spondylitis）（Boonen，2010）、背痛（Wenig，2009）、头痛和偏头痛（Goetzel，2004）等疾病与出勤主义行为之间的关系。这一定义重点关注由于疾病导致的生产力减损，却忽略了员工带病工作相对于缺勤时生产力的增加（孙健敏，张晔骏，2015）。同时，疾病的种类对于出勤主义行为的影响是复杂且多层次的，有学者建议从出勤主义行为本身进行分析，具有普适性。

另一方面是非健康因素出勤主义行为，有学者把这种出勤主义行为称为“非工作出勤主义行为”，国内也有学者称之为隐性缺勤行为（陆星雨，2017），即

表 2-1　出勤主义行为的界定

<table>
<tr><th colspan="2">研究角度</th><th>代表作者</th><th>主要观点</th></tr>
<tr><td colspan="2">缺勤的反义词</td><td>Smith，1970；Stolz，1993；Demerouti，Le Blanc，Bakker，Schaufeli，& Hox，2009；Johns，2010</td><td>将出勤主义行为看作缺勤的反向概念或者是突出的出勤表现，认为该行为是员工对组织高承诺的表现，并且是组织公民行为的一种类型，强调行为的积极效果</td></tr>
<tr><td rowspan="5">从行为原因和结果与生产力减损之间的关系</td><td rowspan="3">健康因素，也称疾病出勤主义行为（sickness presenteeism）</td><td>Turpin，Goetzel，2004；Wenig，2009；Boonen，2010；Finkelstein，2010</td><td>由于员工健康原因带来的组织生产力损失，比如肥胖、强直性脊椎炎、背痛、头痛和偏头痛等疾病与出勤主义行为之间的关系</td></tr>
<tr><td>盛利，2008</td><td>采用“Rodgers 概念分析法”将“Presenteeism”定义为“健康相关工作效率低下”，即员工因为健康的原因影响，出现工作效率下降、有效工作时间变短给企业带来隐性损失</td></tr>
<tr><td>刘贝妮，2016</td><td>工作场所隐性缺勤行为，即由于员工健康导致的虽然出勤但工作低负荷、低绩效的行为</td></tr>
<tr><td rowspan="2">非健康因素（非工作相关或隐性缺勤主义）</td><td>D’Abate & Eddy，2007</td><td>不应仅指带病参加工作，员工在工作时间处理私人事务（如发邮件，支付个人账单或安排私人约会）引起的生产力损失也是出勤主义行为的表现</td></tr>
<tr><td>Wan，Downey，Stough，2014</td><td>指出非健康因素出勤主义行为造成的拖延等负面结果消耗了组织的资源，有可能增加组织的人力成本</td></tr>
<tr><td colspan="2" rowspan="2">从行为本身来界定</td><td>Aronsson，2000</td><td>从行为现象本身（身体或心理健康状况）去界定出为“不舒服仍继续工作的行为（sick but work）”</td></tr>
<tr><td>Dew，2005；Kivimäki，2005；</td><td>工作场所员工带病工作（presenteeism in work-place）</td></tr>
</table>

员工在工作时间处理私人事务带来的工作效率下降的行为。Wan 等人（2014）网上调查了 184 名员工的工作状态发现，非工作出勤主义行为负向影响情绪智力，正向影响员工的无聊情绪和拖延行为，可见非工作出勤主义行为增加了组织的人力成本，造成了消极的影响。但这种观点下的出勤主义行为比较难以界定，通常处理私人事务的时间与工作时间会混杂在一起，无法科学的计量从而难以进行量化实证。

第三种观点源自欧洲学者，它是从出勤主义行为的本身进行界定，即：“不舒服仍继续工作的行为（sick but work）”（Aronsson，2000）或工作场所员工带病工作（Dew，2005；Kivimäki，2005）。Johns（2010）指出出勤主义行为的概念界定不宜包含带病上班的动机和带病上班的结果，否则就会因为病情的种类、产生的动机机制和心理变化而将问题复杂化。根据心理学的原理，同样一种行为可能存在多种不同的动机和后果，要想在概念里都包括进来显然是不现实的（张纪豪，2016）。Lu（2013）提出出勤主义行为的界定必须紧扣行为本身来描述带病上班，避免出现行为原因、行为与行为结果之间的混淆。因此应聚焦出勤主义行为本身“不适（生病）”和“参加工作”，而将动机或原因作为前因变量，生产力损失作为结果变量来研究。Aronsson 等人（2000）将其界定为“尽管身体感到不适仍然参加工作的行为”，这一定义得到了学者们的认可（Johns，2010），广泛应用于研究中。

但行为的本身也包括主动的行为与被动的行为。当个体受制度、管理者等外界条件限制而被强迫做出行为，即身体上的行为违背心理意愿时，研究的结果受负面情绪的影响而缺乏科学性与公正性。反之，当研究环境设定为个体的自愿选择行为时，即当个体健康情况影响工作效率时，会触发其在出勤与缺勤之间进行选择（Johns，2010），自愿可选择行为对于概念的界定非常重要。当员工面对严重健康问题时，不存在出勤或缺勤的选择（Karanika-Murray，2015），因此研究范畴包括轻微和非严重疾病，而严重或慢性疾病不在研究范围之内。

综上，本研究在 Aronsson 等人（2000）提出的定义基础上进行了具体的界定，即出勤主义行为指当员工面对轻微和非严重疾病时，尽管身体感到不适，仍然选择带病出勤工作的行为。以此明确研究内容及方向，为后续研究做铺垫。

2.1.2 出勤主义行为的维度与测量

由于概念的界定有所不同，进而造成了测量工具的差异。关注出勤主义行为生产力损失（Schultz & Edington，2007）作为行为结果的学者多采用经济结果货币化的测量工具；而关注出勤主义行为本身即从职业健康视角出发进行研究的学者，通常进行出勤主义行为频率的测量（Johns，2012）。

2.1.2.1 行为的具体表现测量

出勤主义行为的具体表现测量是以回忆的方式进行频率计算的一种方法，即在给定的期限内，让员工回忆曾经感到身体不适情况下仍然参加工作的行为次数。学者们在测量的过程中，关于预设的期限和频率的标准有些许不同。Aronsson 等人（2002）最早使用频率方法进行测量，他们的测量区间为报告时间点起至过去的 12 个月，采用从不、1 次、2 到 5 次和多于 5 次的 4 点量表形式，询问如“由于健康状况本应该请假，但仍然出勤参加工作的次数”等问题（Hansen，2009），采用二分转换的计分处理方式，将 0 次编码为 0，剩余选项编码为 1。尽管计分处理上存在不足，后续仍然有学者沿用类似的方式测量出勤主义行为（Biron et al.，2006；Demerouti et al.，2009）。Lu（2013）结合统计分析上的局限针对被试者回忆的时效性进行了改进，测量区间缩短为 6 个月，用两个条目来测量出勤主义行为，同样采用从不、1 次、2 到 5 次和多于 5 次的 4 点量表形式。Johns（2011）则改变了量表的级数和评价方式，采用 5 级李克特量表来细化“主观出勤主义行为”，用同意程度取代回忆频数的评价方式（1=非常不同意，5=非常同意）。此外，也有学者采用带病出勤的具体天数来测量出勤主义行为（Caverley et al.，2007；Johns，2011）。

2.1.2.2 个体生产力测量

A 从生产力或成本视角将经济结果货币化

Goetzel 等（2004）提出出勤主义行为通常被认为会造成生产力的损失，经济结果货币化是指运用经济指标进行科学的计算与评价，直观清晰地反映经济损失等影响结果的大小。目前研究常用的测量结果货币化方法有三种，分别是薪酬转换法、内省法和公司自评法。盛利（2008）指出可以通过成本效益比等结果货币化的方式，来衡量员工健康状况与企业隐性损失之间关系，直观反映变量之间影响的大小，从而让测量变得科学有意义。此外，一些研究者尝试着给出生产力损失的经济指标，Burtton（2002）指出女性员工偏头痛导致的出勤主义行为，给企业带来的损失超过 2400 万美元，而因偏头痛导致的缺勤仅为企业造成 300 万美元的损失。Schultz（2009）提出了工资转换法，即让员工回顾一周内隐性缺勤的时间，然后将其转化为由于隐性缺勤造成的生产率损失来估计出勤主义行为的成本。Brooks 等人（2010）通过计算医疗支出和员工的补偿金来将生产力损失直接转换为具体的货币数额。但是由于学者们未能在计算方法上达成一致，导致计算结果差别很大。

B 量表自我评述法

量表自我评述法指被试者以自我陈述的方式报告健康状况，并评估健康状况对他们生产力的影响。通过梳理相关文献，Brooks 等人（2010）粗略统计和总结发现至少有 21 种生产力损失的测量工具。其中最具有代表性的测量工具为：斯坦福出勤主义行为量表（SPS-6，2002）、工作限制问卷（WLQ，2001）和健康与工作绩效问卷（HPQ，2004）三大量表。它们分别从不同角度进行了健康、出勤和工作状况之间关系的研究，差异主要体现在回忆周期、被试人群、测量维度和量化方式上，但都已经经过了多次反复实证研究均验证了信度和效度，具体分析见表 2-2。

SPS-6 量表，又称斯坦福出勤主义行为量表（stanford presenteeism scale），是唯一一个采用出勤主义作为名称的量表，其应用也最为广泛。Koopman（2002）提出尽管缺勤会影响生产力，当身体不舒服时即使员工在工作岗位，也可能会经历生产力下降和工作质量低于正常工作的情况，即所谓的“出勤主义行为”。他

表 2-2 出勤主义行为三大主要量表的对比分析

工具名称	用途	题项结构	回忆时间	测量	评论
SPS-6（Koopman，2002）	关于心理/情感方面，而不是身体健康方面的影响	6 个题目 2 个维度（完成工作、避免分心）	1 个月	5 点量表	（1）具有短小、操作方便的特点（Collins，2005）。 （2）SPS 量表是唯一一个采用出勤主义作为名称的量表，应用最为广泛
WLQ（Lerner，2001）	测量员工健康问题对工作表现能力的影响程度	25 个题目 4 个分量表（时间管理、身体要求、心理/人及要求、工作产出要求）	2 或 4 周	5 点量表	既用于一般员工，也可以用于抑郁、骨关节炎、风湿性关节炎等患者，信度效度较高
HPQ	员工工作场所的间接疾病成本的评估问题	89 个题目	1 周	10 分量表	最初用于评价吸烟对于生产力的影响。包括生产力、缺乏耐心、注意力、工作满意度和生活满意度

对 675 名健康的城市员工进行了关于健康状况对个人绩效和生产力的影响评估，创建和测试了拥有 34 个题项的斯坦福大学出勤量表（SPS-34），利用这些结果找出了 6 个描述出勤主义行为的关键题项，最终形成了 SPS-6。SPS-6 具有良好的心理测量特性，在测量健康和生产效率方面具有很强的可行性。整个问卷量表由 6 个题目两个维度组成的 5 点量表，分别是"完成工作"维度（题目 2、5、6）；"避免分心"维度（题目 1、3、4）。Collins（2005）通过实证研究表明，SPS-6 具有短小、操作方便的特点，并且具有良好的聚合效度、区分效度和效标关联效度。国内学者赵芳等人（2010）进行了 SPS-6 量表的中文版的修订，结果表明问卷的信度、结构效度和区分效度都较好，并适用于工作场所的各类人口学特征的人群。

WLQ 量表，又称工作限制问卷（work limitations questionnaire），用于测量员工健康问题对工作表现能力的影响程度。学者 Lerner 等人（2001）要求受访者报告她们的身体健康状况，并估计这些状况在多大程度上影响着自身的时间管理、身体需求、心理（人际）需求及工作产出等方面，以此衡量就业人群中健康问题与履行工作职责的相关研究。该研究以 230 名工作人员为样本，确认了骨关节炎（OA）患者和 37 个健康的对照组，通过 25 个题项对受试者进行邮件调查，得出骨关节炎（OA）是导致员工工作障碍和生产力损失的主要原因。WLQ 成功地检测了骨关节炎（OA）患者与健康对照组之间的差异，并与关节炎疼痛、僵硬、功能限制和自我报告的工作效率等因素密切相关，证明了它的有效性和可信度。WLQ 问卷 1 共有 25 道题目，采用 5 点量表，回顾周期为过去 2 周时间，重点关注健康问题对个人完成工作的能力的影响程度。该量表包含了 4 个分量表，汇总的分数需要转换为 0~100 之间的分数（代表着从不受限制~总是受到限制）。国内学者董小方等人（2013）对 WLQ 问卷的信度和效度进行检验，结果表明该量表中文版具有良好的信度和效度。

HPQ 量表，又称世界卫生健康组织的健康与工作绩效问卷（health and work performance questionnaire）。Kessler（2004）使用世界卫生健康组织的健康和工作绩效问卷（HPQ）调查了员工工作场所的间接疾病成本的评估方法问题。HPQ 是一份简单的自陈式调查问卷，它包含 89 个题项，回忆周期为 1 周的时间，内容有以下三方面的信息：陈述关于普遍出现的健康问题和治疗相关信息；关于工作场所中病假、出勤和严重事故的后果和基本的人口统计信息。同时分析了两方面问题：一是 HPQ 方法测量的基本原理，说明了 HPQ 具有非常好的可靠性、有效性和对变更的敏感性。二是数据分析，在使用自行报告的非实验调查数据来估计疾病的工作成本和治疗的成本和治疗的成本效益时，进行具体问题的分析与回顾。

C 跨学科的试验方式

跨学科的实证研究分析方法如：构造模型（model）以及原应用于医学和生物学试验设计的随机对照试验等方法（Michishita & Justesen，2017），也为出勤主义行为实证研究的深入发展发挥了重要的作用。

本研究重点在于出勤主义行为对员工心理、情绪或行为的影响，而非健康状况的影响，因此采用普适性较好的斯坦福出勤主义量表（SPS-6）。

2.1.3 出勤主义行为的影响研究

针对出勤主义行为对组织或个人的影响结果，学者主要分为三种观点：

一是积极影响。在出勤主义行为研究的初期阶段，Stolz（1993）提出相比缺勤的行为，出勤主义行为是一种对于组织崇高信仰以及高忠诚度的优秀出勤表现。高出勤率被概念化为一种调整工作满意度的积极和激励的措施行为（Aronsson & Gustafsson，2005 ）。Caverley（2007）通过实证研究发现工作满意度较低的员工通过带病出勤工作的方式，可以提高工作满意度。Lu（2013）通过访谈与调查研究发现，中国员工会将出勤主义行为看做是展示忠诚和敬业精神的策略，以及职业保护与晋升的手段，所以在营造积极的组织文化和和谐的人际关系中，出勤主义行为发挥着部分积极的作用。Miraglia（2013）通过管理者对员工工作绩效打分的方式进行评价，发现出勤主义行为正向影响工作绩效。Whysall（2018）提出人具有群体生活的特性，积极和谐的组织氛围及工作环境可以帮助员工快速地恢复健康，所以在不舒服的时候参加工作不应该被视为一种固有的负面现象。

二是受社会心理环境（psychosocial environment）影响。Aronsson 等人（2011）提出出勤主义行为与自评的健康水平之间的关系受个体的经济条件影响，个体经济条件越好，自评的健康水平受出勤主义行为的影响越小。Lu（2014）针对 345 名全职的中国员工进行了两组关于出勤主义行为和健康之间关系的实证研究，通过加入自我效能感的调节变量对比结论提出，对于自我效能感不同的员工来说出勤主义行为的影响结果并不一致，自我效能感可以调节出勤主义行为、个体健康与工作倦怠之间的关系，不会持续地带来消极影响，因此出勤主义行为的影响结果与员工个体特征有很大关系。Whysall（2018）采用劳动力调查的方法探讨了出勤行为与组织环境因素之间的关系，提出在较差的组织环境下出勤主义行为更有可能发生，全心投入工作会提高个人的成就感，对身心健康有恢复的功能，同时管理者干预能够调节出勤主义行为与员工健康之间的影响，因此生病时参加工作不应该被视为一种固有的负面现象，它受社会心理环境或干预措施的影响。

三是大部分学者认为出勤主义行为具有消极影响。Monojit（2002）从病假工资设计的角度分析了出勤主义行为对生产力产生的负面影响，提出公司制定支付额外的法定病假工资制度的原因是出勤行为的成本比缺勤的成本更高，因此，公司将提供比法定最低工资更高的病假工资以降低员工出勤主义行为。出勤主义行为不仅影响员工工作绩效，还对员工长远健康、组织关系和组织绩效产生消极影响。

2.1.3.1 个人方面的结果

身体与心理健康。出勤主义行为的负面的影响主要表现在员工病情没有得到及时的恢复，影响工作和生活质量。Kivimäki 等人（2005）进行了出勤主义行为与冠状动脉疾病的发生率之间关系的研究，控制了其他影响因素后发现，出勤主义行为频率与员工冠状动脉疾病的发生率具有正相关关系，大约为 2 倍的关系。Aronsson 和 Gustafsson（2005）提出出勤主义行为与个体的健康水平呈现显著负相关关系，员工越是带病工作，健康水平会越差（Baker-McClearn et al.，2010；Gosselin et al.，2013）。Taloyan 等人（2012）指出，出勤主义行为主要通过影响员工心理健康，进而影响个体健康。Lu 等人（2013）通过实证分析得出结论，出勤主义行为和身体健康和心理健康都呈负相关。Sanderson（2013）提出在生病时出勤或工作通常被视为疾病负担（成本）的影响因素，通过对病人的健康、工作表现、工作年限和工作场所分析和研究，说明出勤行为具有潜在消极的后果，出勤行为会成为工作障碍的前兆，深入的研究为将来的长期残疾识别早期预警信号。Lu、Peng、Lin 和 Cooper（2014）通过进行相同被试者不同时间结点的两组实验进行时间滞后研究，发现不同的时间节点出勤主义行为对人的身体健康、心理健康和耗竭都有不同程度的负面影响，说明出勤主义行为与个体健康之间关系没有持续性。

后续的缺勤行为。出勤主义行为对个体工作行为的影响主要体现为缺勤，Aronsson（2000）通过3801位雇员的调查问卷进行出勤主义行为与职位、可替代性、缺勤、个人收入等之间的关系研究，发现出勤主义行为频率越高，疾病的缺勤率也越高，解释为当员工患有疾病时，虽然出现在工作场所，但因为身体健康问题没有得到缓解或治疗导致后续无法正常工作的缺勤现象。Caverley（2007）针对一个加拿大公共服务公司的237名员工进行了疾病出勤主义行为、缺勤主义行为、公司收入与员工健康之间关系的问卷调查，结果表明当改善组织工作环境（工作安全感、主管支持和工作满意度）时，出勤主义行为相比缺勤主义行为在影响员工的健康的效力上更胜一筹。Bergström等人（2009）发表的文章《今天疾病出勤，明天疾病缺勤?》中讨论了出勤主义行为与缺勤主义行为之间的关系，将调查对象分为两组：来自公共部门的3757名女士和来自私营部门的2485名男士，在控制了两组员工的人口统计学等变量之后，发现出勤主义行为能够导致员工后续缺勤行为（Demerouti et al.，2009）。Taloyan和Poms（2012）以及Deery等人（2014）采用实证方法验证了出勤主义行为会带来更多的潜在缺勤行为。

工作满意度和工作倦怠。出勤主义行为对个体工作态度的影响主要体现在对个体的工作满意度的影响上。Caverley等人（2007）发现了出勤主义行为与工作满意度之间具有微弱的负向相关性（$r=-0.14$，$P<0.05$）；在比利时为$r=-0.1$，英国为$r=-0.22$，$P<0.05$（Claes，2011）。在英国进行的一项实证研究指出，经常出现出勤主义行为的员工倾向于把工作描述为有压力和不满意的（Baker-McClearn et al.，2010）。Karanika-Murray（2015）提出因为在带病出勤的状态下员工没有办法展现自己的全部能力以及无法得到预期的回报，出勤主义行为会耗尽员工的工作满意度。同时，工作倦怠作为工作满意度的反向表象，出勤主义行为对其也有显著影响。通常研究会将工作满意度、工作倦怠作为出勤主义行为的结果变量来分析，个体的情感—激励状态深受身体和心理感知的影响，当身体和心理因为带病坚持工作而趋于亚健康状态时，员工会很难充分发挥自己的能力，而影响其达到预期的工作效果，工作效率会远远低于健康状态下的质量，员工感知工作的满意度也会随之消耗殆尽，产生职业倦怠（Gifford & Jinnett，2014）。

2.1.3.2 组织层面的结果

组织层面出勤主义行为的影响集中于生产力的减损（Lofland et al.，2004；Schultz et al.，2009）及组织成本的提高。Hemp（2004）提到相关研究显示，出勤主义行为给美国公司每年带来1500亿美元的负担，远远超过了缺勤主义行为。Allen，Hubbard和Sullivan（2005）进行了为期4周的研究，提出出勤主义行为使得那些感到疼痛的人大概遭受3.14天的生产力损失，从而对组织生产力产生影响。Weaver（2010）提出美国企业因员工缺勤产生的花费为1180亿元，而带病出勤的花费则为1800亿元。健康工作的员工，能够减少企业用于生病员工医疗费用2~3倍的损失（赵芳等，2010）。Vänni（2017）在研究出勤主义成本与芬兰公司商业数据之间的关系时，得出结论为每年员工的平均出勤主义行为成本最低时为986欧元，最高为1302欧元，占到营业额的1%左右，以及人员成本的3.7%，潜在的代价是巨大且高昂的。Strömberg（2017）通过对不同行业758名经理组成的调查小组进行实证研究，得出与健康相关的出勤主义行为和工作环境相关的问题给组织带来的成本会超过工人的工资。英国政府在政策中也强调了当身体状况不好时应该恢复后再继续工作，因为出勤主义行为会对个人和组织造成损害（Kinman & Holland，2018）。

综上，出勤主义行为无论给组织还是个人都带来的巨大的损失或消极的影响，而这些改变悄无声息不易察觉。正如缺勤主义行为带来的损失好似冰山模型中露出海面的部分，而巨大的隐藏在水下的部分才是出勤主义行为的损失，因此，出勤主义行为应该引起组织以及管理者的重视。

2.1.4 知识图谱视角下的发展演化

本研究运用科学计量学和可视化网络分析方法，通过科学文献分析软件CiteSpace绘制2000~2017年共计18年来国际出勤主义行为研究的知识图谱。首先运用描述性统计分析对样本的年代分布和学科分布等进行数理统计分析，依次进行研究领域的整体概述。其次进行关键词共现网络等系统的科学计量学分析，以网络聚类和时区视图等技术展示清晰的知识图谱结构。从科学文献分析的角度展示国际出勤主义行为研究成果的总体现状，并探求文献的理论基础、研究主题及发展趋势，为未来的深入研究提供依据和借鉴。

2.1.4.1 数据来源与研究方法

CiteSpace软件是由美国德雷塞尔大学信息科学与技术学院陈超美博士与大连理工大学WISE实验室联合研发的科学文献分析工具，也是目前运用比较广泛且具有一定影响力的科学知识图谱可视化软件之一。通过知识图谱输出功能帮助识别特定科学领域的发展趋势，以动态直观的可视化方式展示理论知识的概况和演变规律，以此探测和分析某一领域科学研究前沿的变化趋势，以及知识基础与研究前沿之间、不同研究前沿之间的相互关系（Chen，2017）。[1] 因此，它能够降

---

[1] Chaomei Chen. Science Mapping: A Systematic Review of the Literature [J]. Journal of Data and Information Science, 2017, 2 (2): 1~40.

低因学者主观判断对分析结果的影响，提高结果的准确性和客观性，在描绘某一主题或学科全貌的科学研究中发挥了至关重要的作用。

由于 CiteSpace 软件分析是以 WoS 数据库为基础，与其他数据库相比，WoS 的数据结构又是最为完整的，因此选择从中获取文献数据来增加科学计量分析的效度和信度。具体来说，以 WoS 核心数据库为文献来源，以“presenteeism”为检索词进行主题搜索，文献类型选择“article”，时间跨度为 2000~2017 年，下载数据方式为“全记录与引用的参考文献”，数据格式选择“纯文本”，检索时间为 2018 年 1 月 31 日，得到文献数量共计 890 篇。因搜索 2000 年以前只有一篇时间为 1970 年的文献，因年度跨度较大会影响分析结果，故选择从 2000 年开始。科学计量学分析的基础是科技文本数据的采集，为进一步保证数据结果的有效性和准确性，利用 CiteSpace 软件的数据预处理功能对 890 条文献进行数据的过滤和除重。一是进行数据去重的二次清理从而保证结果质量，二是能够按照年代时间将数据文本分割为若干小文本来提高后期数据处理的运行速度，最终得到有效文献数据共计 890 条。由此可见 WoS 核心数据库中的数据资料质量很高，没有重复的文献资料。

2.1.4.2　时间分布

文献的时间分布可以从年代分布的角度观测学者对于出勤主义行为的关注程度。从图 2-1 可见：2000~2017 年共 18 年的时间里，最高峰值 2016 年的 129 篇文献已经达到 2000 年 2 篇的 64.5 倍，国际出勤主义行为的研究文献呈现逐年稳定增长的态势。这与库恩的科学革命理论中文献数量增长的规律相符合，从文献数量较少的“前范式”时期，到文献数量快速增加发文增速加快的“常规”时期。虽然“前范式”时期（2000~2007 年）是国际出勤主义行为研究的起步阶

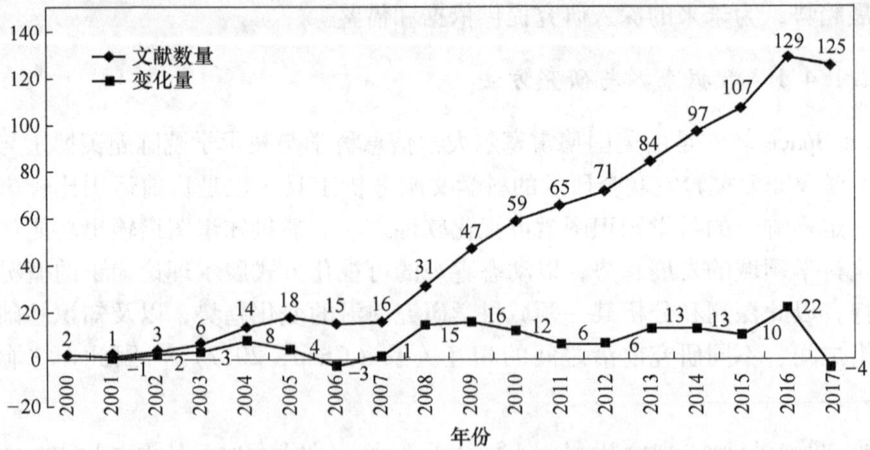

图 2-1　2000~2017 年出勤主义行为研究文献的时间分布

段，文献数量只有75篇占到总数量的8.4%，但学者们发表学术文献的质量和贡献度较高，为后期学者的深入研究起到了至关重要的作用。Goetzel（2004）、Aronsson（2000）和Collins（2005）在此期间发表的学术文献被引频次排在了18年的前三名，分别为530次、399次和222次，被引频次的排序充分反映了对于三位学者学术成就和理论贡献度的认可。“常规”时期（2008~2017年）文献数量为815篇占到总数量的91.6%，在此期间各国学者从不同角度和不同研究方法对出勤主义行为进行了深入分析。同时由于2007~2008年全球金融危机的特殊经济环境背景下，企业组织面临前所未有的变革挑战，组织行为学和心理学的快速发展也促进了出勤主义行为研究的深入开展。

2.1.4.3 学科分布

文献的学科分布，是对该领域学科属性及应用层面的分析。在出勤主义行为研究的文献中，对文献出现的频次和文献中心度排名前十名的学科进行了统计排序。运用CiteSpace软件，选取学科（Category）为研究对象，参数设置select top为100%，获得出勤主义行为研究的学科分布情况（见表2-3）。根据频次排序显示，可以看到国际出勤主义行为研究领域集中在公共环境职业健康、风湿病学、卫生保健科学及服务、健康政策与服务、精神病学、护理学、管理学、经济学、应用心理学和临床神经病学等，在这些领域得到了广泛的关注和应用。通过文献中心度排序可知，出勤主义行为研究在公共环境职业健康、心理学、精神病学、普通医学、管理学和经济学、传染病学、神经科学、骨科、呼吸系统和卫生保健科学及服务等的交流中发挥了重要的枢纽作用。从文献出现频次比重42.1%以及0.76的高中心度数都说明，公共环境职业健康这一学科领域对于出勤主义行为研究的贡献最为突出。该学科主要研究环境与人群之间的关系，以促进人类发展为中心，意在通过环境来改善人群健康状态。随着社会对公共卫生领域的需求日益增加，因此越来越受到学者们的重视。综上，出勤主义行为研究形成了以公共环境职业健康学科为主导，心理学、精神病学、管理学与经济学等多学科领域占据重要地位的交叉群，为出勤主义行为研究从理论和方法上提供了坚实的应用基础。

表2-3 2000~2017年国际出勤主义行为研究的学科分布

文献中心度	学科领域	出现频次（比重）	学科领域
0.76	公共环境职业健康（public environmental occupational health）	375（42.1%）	公共环境职业健康（public environmental occupational health）
0.48	心理学（psychology）	75（8.4%）	风湿病学（rheumatology）
0.40	精神病学（psychiatry）	68（7.6%）	卫生保健科学及服务（health care sciences services）

续表 2-3

文献中心度	学科领域	出现频次（比重）	学科领域
0.28	全科医学（general medicine）	55（6.2%）	健康政策与服务（health policy services）
0.22	经济管理（management & economics）	46（5.2%）	精神病学（psychiatry）
0.17	传染病学（infectious diseases）	41（4.6%）	护理学（nursing）
0.15	神经科学（neurosciences）	38（4.3%）	管理学（management）
0.15	矫形术（orthopedics）	36（4.0%）	经济学（economics）
0.14	呼吸系统（respiratory system）	33（3.7%）	应用心理学（psychology applied）
0.10	卫生保健科学及服务（health care sciences services）	32（3.6%）	临床精神病学（clinical neurology）

2.1.4.4　发展演化

我们运用 CiteSpace 软件生成关键词共现分析的可视化图谱网络，以 Keyword 为分析对象，时间从 2000~2017 年，时间分区为 1 年，数据选择阈值为（c，cc，ccv）的初始值：（2，2，20；4，3，20；3，3，20），网络裁剪使用 MST，Modularity Q 值为 0.9092（当 Q 越接近 1 时，意味着得到的网络聚类越好），Silhouette 值为 0.6302（S 越接近 1 反映聚类结果的信度越高），形成了具有清晰结构和网络模块的知识图谱（见图 2-2）。为了更好地分析研究热点内容，按照时间分割

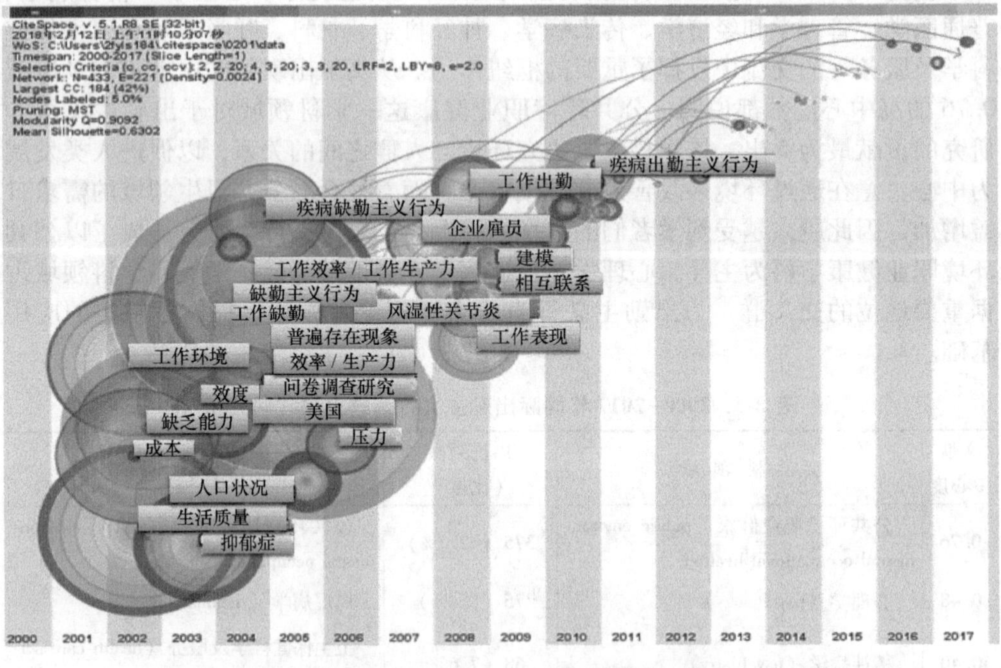

图 2-2　2000~2017 年出勤主义行为的关键词共现网络分析时区视图

成两组，分别按照关键词的中心度和频次排序，将位于前十位的关键词排序后详细分析（见表2-4）。从整个时区视图展示的图谱结构来看，出勤主义行为的研究主要分为“前范式”和“常规”两大阶段：

（1）前范式阶段（2000~2007年）：从图2-2和表2-4看，年轮的外形比较大代表关键词的频次数值较大，研究内容相对集中；年轮外圈光环数量较多，说明这些关键词在整个研究过程中的重要地位和作用。这符合了库恩科学革命理论前范式的特点，该阶段文献数量只有75篇，由于没有共同的标准和范式，没有成形的稳定有效的共同规则，学者在开始研究时困难重重必须重新开始，在各自的领域重建基础，探究新的方法和方向，虽然容易漏掉许多重要细节和理论，但为今后学者对于出勤主义行为的研究和深入发展找寻了方向。从关键词的中心度和频次排序信息上看，前范式阶段研究热点主要为：

一是研究动因。20世纪70年代学者Smith提出这一概念，开启了出勤主义行为的研究进程。进入21世纪以来，随着国际经济环境和市场的日益变化，企业面临着组织变革的严峻挑战，社会环境和组织环境影响着员工的工作行为与身心健康，出勤主义行为现象越来越普遍，受到了大量学者的关注与重视。二是影

表2-4 2000~2017年关键词共现网络分阶段信息排序分析

2000~2007年关键词信息（前十名排序）				2008~2017年关键词信息（前十名排序）			
频次	关键词	中心度	关键词	频次	关键词	中心度	关键词
431	出勤主义行为	1.22	效度	72	关联	0.67	出席
202	缺勤主义行为	1.22	信度	70	疾病出勤主义行为	0.51	同情心
191	健康	1.05	抑郁症	56	建模	0.45	健康
178	生产力	0.97	斯坦福出勤主义行为量表	53	出席	0.44	肥胖
154	工作受限	0.94	工作受限	49	心理健康	0.38	体能训练
153	影响	0.86	风湿性关节炎	47	负担	0.37	健康提升计划
146	生活质量	0.82	普遍	42	生产力	0.36	强直性脊柱炎
131	工作场所	0.81	生活质量	40	失控	0.26	职业压力
123	成本	0.76	美国	37	随机对照试验	0.25	工作压力
118	缺勤	0.65	白宫二期研究	37	疾病缺勤	0.24	工作效率

响结果。出勤主义行为在工作场所普遍存在，处于出勤主义行为研究的初级阶段，学者通过其对企业或员工影响结果（消极或积极方面）的角度进行了直观、简答的研究。三是测量工具。这期间的测量工具主要分为工作限制问卷（Work Limitations Questionnaire，2001）、斯坦福出勤主义行为量表（Stanford Presenteeism Scale，2002）和世界卫生健康组织的健康与工作绩效问卷（Health and Work Performance Questionnaire，2004）。三种不同的测量工具从不同角度进行了健康、出勤和工作状况之间关系的研究。

（2）常规研究阶段（2008~2017年）：从图2-2和表2-4看，年轮的外形相对较小但数量较多，研究内容广泛且分散，研究方向增多，说明在前人的研究基础上，之后的学者从多个角度不同的学科及不同的研究方法上进行了突破和创新，进而推动了出勤主义行为研究领域的向前发展。这符合库恩科学革命理论的常规科学阶段的特点，该期间文献的数量为815篇，已经基本形成了共同的信念和遵从的理论范式，科学研究数量稳步增加，研究质量和效果不断提高，使得科学领域的发展逐渐走向成熟，研究范式更加明晰。从关键词的中心度和频次排序信息上看，常规时期出勤主义行为的研究热点为：

一是概念的细化。本阶段大多研究集中于行为本身或健康因素的动因为主而引起的出勤主义行为。管理学学科的学者建议忽略动因和结果而关注出勤主义行为本身进行研究，这一理念得到了多数学者的认同，并得到了广泛的应用（Johns，2010；Luo，2013）。二是测量方法多样化。常规研究时期在测量工具和实证分析的方法上，进行了多角度多层面的跨学科的实证研究分析创新与研发。三是影响因素多样化。在不同的环境和情境下下，出勤主义行为受多重因素变化的影响。其中包括：个人因素（健康状况、人口统计学变量、人格特质）、组织因素（组织文化、组织制度、团队支持）和工作因素（工作压力、职位特征、工作满意度）。四是干预措施的提出。本阶段更注重从组织环境和自我调节等多个不同角度缓解消极影响的干预措施，如呼吁管理者的关注或同情心（responsiveness）；改善组织文化环境如加强体能训练（physical activity intervention）；制定健康提升计划（health promotion）、缓解职业压力（occupational stress）和工作压力（work related stress）等（Ronger & Merrill，Lu，Whysall）。

综上，CiteSpace软件的知识图谱可视化分析具有概括性的科学计量和图谱展示功能，能够帮助分析出勤主义行为研究主题的现状和发展规律。但难免会存在不足之处，如忽略一些文献信息；存在语义上的偏差；以及数据方面的不足等。因此，基于国际出勤主义行为研究日渐成熟的大背景下，应该结合中国文化背景进行深入研究，通过科学的实证方法进行定性和定量的分析，促进国内外研究机构和学科间的交叉合作，开拓新视角、新理论和新方法，为企业管理者解决实际问题提供依据和思路，推进出勤主义行为研究的稳步向前发展。

2.2　工作投入研究综述

2.2.1　工作投入的内涵

工作投入（job involvement/work engagement）这一概念是随着积极心理学和组织行为学的兴起而引起学者们关注的一种积极的个体状态。早在1965年学者Lodahl与Kejner就进行了工作投入界定与测量的相关研究，提出工作投入是指个体认同工作或认为工作重要性的程度，同时也是工作绩效影响个人自尊的程度，作为一个中性词语来定义。而在之后的学者研究中，越来越将工作投入作为一种积极乐观的行为表现给予解释。Lowler（1970）将工作投入界定为员工对其本职工作的积极主动态度和热爱迷恋程度。伴随着西方关于心理学的研究方向逐渐从负面的消极状态向个体内在积极的因素转变背景下，工作投入这一积极在行为状态受到了学者们越来越多的关注，逐渐成为积极心理学和组织行为学的研究热点。

一是以Kahn为代表的自我匹配论角度。1990年，Kahn以Golffman的角色理论为基础提出了工作投入的概念，将其定义为组织成员控制自我以使得自我与工作角色相匹配，换句话说组织员工个体的自我与工作角色一直处于相互匹配和相互转化的动态过程。因此，可以解释为当工作投入较高时，组织员工的自我与工作角色进行了完全匹配，也就是完全投入了工作角色，在生理、认识和情感三个方面尽情充分的展示自我；反之，当工作投入较低时，组织员工的自我会与工作角色相互剥离（Kahn，1990；Kahn，1992），无法达到工作角色要求的绩效水平，容易产生离职的倾向或工作倦怠等消极情绪。但他们仅停留在了理论阐述阶段，没有针对数据进行实证研究与分析。

二是以Maslach为代表的倦怠相对论角度。Maslach和Leiter（2001）等人将工作投入界定为工作倦怠的反义词，他们通过对工作倦怠深入的研究开发了它的对立面两部分内容。工作倦怠（job burnout）代表着负向的消极的状态，分为枯竭、玩世不恭和低效能三个特征；而与其相对工作投入代表着正向的积极的状态，相对应的也分为精力（energy）、卷入（involvement）、高效能（efficacy）三个特征，两个词语三个特征均纷纷对应。在工作投入的定义上，Maslach将其解释为能够感觉到精力充沛，有效的进入工作状态并与他人和谐相处的体验状态。个体工作投入越高，越能保持充沛的精力，越能胜任和完成工作任务；相反个体工作投入越低，表示对于工作出现倦怠情绪，会表现出情绪枯竭的消极状态。

三是以Schaufeli为代表的资源激励论角度。Schaufeli等人（2002）在Maslach等人论点的基础上进行了修正与调整，认为工作投入并不简单的是工作倦怠的对立面，而是既有联系又有区别。以工作要求—资源模型为研究基础，从幸福感的两个维度（快乐和激发）出发，将工作投入定义为一种以活力、奉献和专注为主要特征持久的、积极的认识情绪与状态。他们将个体资源中的韧性、乐观等归为激励因素，将社会支持、上级指导、绩效反馈归为工作资源，解释为当个体资源充分感知到工作资源时，个体就会产生工作投入的积极状态。

国内学者对于工作投入的定义较为一致，大多参考了 Schaufeli 等人（2002）的观点，并在其基础上进行了细微的调整与完善。李锐（2007）将工作投入解释为一种具有持久性和弥散性的与工作相关的积极、完满的情绪与认知状态。姚春序（2013）将工作投入定义为一种与工作相关的充满持久、积极情绪与供给的完满工作状态。胡少楠（2014）将工作投入定义为工作过程中个体的一种积极情绪体验、谨敏的认知和高度激发的体能状态在内的、持久的综合心理行为状态。

作为一个尚未成熟的研究领域，学者们从不同的学科背景、研究目的和角度进行了概念的界定和测量，观点存在很大分歧。本研究在对工作投入的内涵界定上采用了目前学术界应用最为广泛的 Schaufeli 等人（2002）对工作投入的界定，即它是一种以活力（vigor）、奉献（dedication）和专注（absorption）为主要特征的持久的、积极的认识情绪与状态。

2.2.2　工作投入的维度与测量

由于学者们从不同角度和学科背景对工作投入的内涵给予了不同的界定，因此带来的工作投入的测量方法与量表内容也不尽相同。本研究梳理现有的国内外文献，将应用相对广泛、普适性较强、信效度较高的主要工作投入量表内容总结如表 2-5 所示。

表 2-5　工作投入量表的对比分析

工具名称	维　度	题数	计分
GWA 盖洛普工作场所调查（Harter 和 Luthans 等，2002）	2 个维度：态度性结果（自豪感、客户服务意愿、满意度）；态度变量因素（识别管理者可控的影响）	12	
UWES 量表（Schaufeli 和 Bakker，2002）	3 个维度：活力（6 个题项）；奉献（5 个题项）；专注（6 个题项）	17	7 分量表
SMVM 量表（Shirom，2003）	3 个维度：体力（5 个题项）；情感能量（4 个题项）；认知活力（5 个题项）	14	7 分量表
工作投入量表（张轶文，甘怡群，2005）	3 个维度：活力（6 个题项）；奉献（4 个题项）；专注（5 个题项）	15	7 分量表
UWES 量表（Schaufeli 等，2006）	3 个维度：活力（3 个题项）；奉献（3 个题项）；专注（3 个题项）	9	7 分量表
Rich 等工作投入量表（Rich，2010）	3 个维度：体能（6 个题项）；情绪（6 个题项）；认知（6 个题项）	18	5 分量表

2.2.2.1 两维度量表

GWA 量表，又称盖洛普工作场所调查量表（Gallup Workplace Audit），该量表在人力资源管理实践中得到较为广泛的应用（Harter et al.，2002；Luthans et al.，2002）。GWA 量表是由盖洛普公司编制而成，调查问卷共有 12 个题项，内容包括两大类：一类用于测量态度性因素，如自豪感和满意度等；另一类用于测量管理者可控性的影响态度的因素，通过实证数据分析，结果达到了很高的信度和效度（$\alpha=0.88$）。但也受到了不小的质疑，尤其该量表测量结果更接近工作满意度，而非完整意义上的工作投入（李锐等，2007）。

2.2.2.2 三维度量表

A UWES-17 与 UWES-9 量表

首先是 UWES-17 量表。Schaufeli 等人（2002）开展的调查研究是针对 623 名西班牙人、727 名葡萄牙人和 311 名荷兰人关于职业倦怠和工作投入的相关研究，开发了用于测量工作投入的量表 UWES（Utrecht Work Engagement Scale）。量表共有 17 个题项 3 个维度：活力（6 个题项）；奉献（5 个题项）；专注（6 个题项），全部采用李克特 7 级量表进行评分，经过严格的统计学实证分析，该量表具有很好的信度和效度，并且适用于跨文化背景下的其他国家，该量表在 WoS 核心数据库中被引频次为 600 次，可见引起了学术界的关注。

其次是 UWES-9 量表。为了提高量表的实用性与方便性，Schaufeli 等人（2006）在原有 17 个题项的量表上进行了修改，通过来自 10 个不同国家的 14521 个企业员工的样本数据进行了简短版量表的测试，并将该量表命名为 UWES-9。该量表共有题项 9 个，3 个维度：活力（3 个题项）；奉献（3 个题项）；专注（3 个题项），全部采用李克特 7 级量表进行评分，通过统计学实证分析，量表具有很好的效度和信度，适用于跨文化背景下的相关研究，该量表在 WoS 核心数据库中被引频次为 1413 次，可见其广泛的应用性。

最终，学者 Schaufeli 还参与了两个量表的比较研究。Seppala（2009）针对两个题项不同量表的稳定性进行了实证研究，选择 5 个不同的职业共计 2555 个样本进行了对比，结果发现 UWES-9 量表具有较高的稳定性和较好的效度。此外，在实际的实证应用过程中，部分学者也将 UWES 量表的三个维度作为一个整体进行研究与分析，从整体上进行工作投入的研究，根据研究目的的不同，可以避免内部一致性较高和多元共线性的问题（刘得格，2011；马丽，2016）。

B SMVM 量表

Watson 和 Fredrickson（2002）认为活力是积极影响因素中最有代表性的一个，同时也是最接近工作投入的行为，因此 Shirom（2003）将活力这个维度从原有的工作投入量表中单列出来，开发并预测试了新的量表来解释工作投入这一积极的行为或状态，并将其量表命名为 SMVM（Shirom-Melamed Vigor Measure）。量表共计 14 个题项 3 个维度，分别为：体力（5 个题项）；情感能量（4 个题项）；认知活力（5 个题项），全部采用李克特 7 级量表进行评分，量表的测量过程中要求被试者针对 30 天内的工作中的所有感受的频率进行评分，通过科学的研究所有题项得到了很好的验证。但在实际应用的工程中，工作内外都是可以感受到活力的，因此被试者在回答调查问卷题项的问题时，也有可能是针对自己在工作以外遇到的事情和情况的一种情感反应，这是这个量表的局限性和不足。虽然该量表的一致性系数较高，但从引用次数和影响程度上看不如 Schaufeli 的三维度量表（胡少楠，2014）。

C　其他量表

因为 UWES 量表存在些许的不足，Rich 等（2010）重新设计了测量工作投入的量表，量表共有 18 个题项 3 个维度，分别为体能维度（6 个题项）；情绪维度（6 个题项）；认知维度（6 个题项），整个量表采用李克特 5 点量表。该量表的设计是建立在 Kahn（1990）的工作投入概念基础上，不包含工作投入的前因和后果，完全从状态或认知本身进行的衡量。通过统计学分析得到良好有效的因素结构，但没有进行跨文化和跨组织的效度检验。

基于工作倦怠相对论的学者认为可以将工作倦怠的 MBI 量表（Maslach Burnout Inventory）直接使用，该量表包括 3 个维度：情绪衰竭、疏离感以及职业自我效能感，在做工作投入实证测量时进行反向的计分方式。

综上，工作投入的量表主要以三维度量表为主，其中以 Schaufeli 等人（2002）设计的 UWES 量表应用的最为广泛，具有很强的普适性和效用性。国内的汉化版工作投入量表大多也在是 UWES 基础上进行的修订和完善，张铁文等人（2005）在 UWES-17 量表基础上采用中国企业员工数据进行量表的修订和完善，结合中国文化背景通过实证检验分析形成三个分量表，内部一致性系数为 0.767；0.735；0.753，既简洁又非常有效。谢宝国等人（2018）经过大量的多角度的实证数据分析研究证明了修改后汉化版量表的信度和效度，既简洁又有效，因此同样适用于中国文化背景下的相关研究（何立，2010；王桢，2015；姚军梅，2017）。本研究采用了谢宝国（2018）实证后的调查问卷，具体在第 4 章量表部分进行详细说明。

2.2.3　工作投入的影响研究

近年来，国内外学者在工作投入变量与其他变量之间的关系上进行了大量研究，本研究将工作投入的影响研究分为工作投入的前因变量和结果变量两个方面进行总结与梳理。

2.2.3.1 工作投入的影响因素

A 个体层面

在影响工作投入的个体因素上，国内外学者进行了详细的研究。工作特征、员工行为（如：工作制造、优势利用；好玩的工作设计）以及个人资源（如：自我效能感、乐观主义和自尊）等于工作投入有很密切的联系。Makikangas 等人（2013）的研究表明，稳定性格经典特征的五大因素，尤其是外向性、情绪稳定性和责任心，能够预测工作投入中的独特差异。Xanthopoulou 等人（2009）的研究表明，日常工作投入是日常工作和个人资源的函数。Petrou 等人（2012）已经证明，日常工作投入是日常工作塑造行为的重要影响因素。吴国强等人（2018）以 22 名企业员工为研究对象，探讨了员工挑战性—阻碍性压力源与工作投入之间的关系，结论得出挑战性压力源对工作投入有正向的影响，阻碍性压力源与工作投入之间具有负向关系。王富祥（2017）通过 241 份新生代农民工的调查问卷数据进行了工作特征与工作投入之间关系的讨论，结果发现技能多样性、任务完整性、工作自住型任务重要性等个体的工作特征对新生代农民工的工作投入有正向的预测作用。王文卓（2017）运用 756 份员工的有效数据结合多层次线性模型对个体学习目标导向与工作投入之间关系进行了实证检验，验证结果显示个体学习目标导向与工作投入之间具有显著的正向预测关系。

B 组织层面

在影响工作投入的组织因素上，针对个体所处的组织特征、人际关系和领导风格等组织环境进行了大量研究。一些人力资源实践相关的研究表明，工作重新设计会通过其对工作资源的影响对工作投入产生积极影响（Alfes et al.，2013；Holman & Axtell，2016）。领导者在员工的工作投入中扮演着重要的角色，例如，变革型领导通过影响员工的个人和工作资源来进一步影响工作投入（Breevaart et al.，2014；Tims et al.，2011；Tuckey et al.，2012）。刘丽君（2017）为验证心理资本、组织支持与工作投入之间的关系，针对广西、重庆两地的医务人员随机抽取了 800 份调查问卷，结果显示组织支持显著的正向影响工作投入，提出加大组织支持的力度可以提高员工的工作投入。陈世民（2017）通过 319 名企业员工的调查问卷探讨了中国文化背景下魅力型领导、工作投入与关系绩效的影响机制，结果发现魅力型领导能够传递给下属成长和发展机会的积极信息，从而激励员工的工作热情和成就动机，与员工工作投入有显著的正向影响。张静（2018）运用两个时点进行了 275 名下属与 56 名领导配对数据的搜集方法，探讨了关于领导—成员交换关系、领导特质、下属特质与员工工作投入之间的关系，结果发现组织领导者的管理方法、领导—成员关系是影响员工的工作投入的重要因素。

2.2.3.2　工作投入的影响结果

近几年工作投入成为管理学和组织行为学等研究领域热点问题的原因是，它是一个非常好的重要的预测员工、团队和组织结果的指标。

A　个体层面

工作投入对个体的影响结果包括个体的工作绩效、创新行为和创造力以及主观幸福感等方面。Salanova（2005）运用结构方程模型对芬兰2038名教师进行了教师工作倦怠和工作投入状况的问卷调查，结论发现教师的工作投入与组织承诺之间是正向的影响关系。由于敬业的员工对自己的工作活动有很强的奉献精神和专注力，他们表现出更好的角色内任务绩效（Christian et al.，2011）和更好的财务业绩（Xanthopoulou et al.，2009）。此外，由于他们对新经验的开放，敬业的员工有更多的创意，更有可能创新和创业（Gawke et al.，2017；Orth & Volmer，2017）。常飞（2017）通过选取的423份企业员工的网络调查问卷进行了企业员工美德、工作投入和主观幸福感的关系研究，运用Bootstrap法检验得出工作投入在美德与员工主观幸福感之间起到显著的中介作用。陈小平（2018）通过发放810份电子问卷调查进行了企业导师指导风格、职业胜任力、工作投入与徒弟工作绩效之间关系影响的研究，发现工作投入与工作绩效之间显著的正向关系，并且工作投入在导师指导风格与徒弟工作绩效之间发挥中介作用。

B　组织层面

工作投入除了对个人层面的绩效结果有积极的影响之外，工作投入高的员工能够有力地推动企业的生产力以及形成良好的工作气氛，比如有研究表明敬业的员工更倾向于帮助他们的同事。在团队层面，团队工作敬业度被发现与团队绩效呈正相关（Costa et al.，2015；Tims et al.，2013）。敬业度从一个个体传递到另一个个体，因此在团队中产生了重要的连锁反应（Bakker et al.，2006；Gutermann et al.，2017；Van Mierlo & Bakker，2018）。Christian等人（2011）认为工作投入的员工能够高效地完成组织设定的任务，提高组织绩效和关系绩效。Salanova等人（2005）的研究表明，从工作团体层面上来看，工作投入在组织资源与服务气氛中起到很好的中介作用。张珊珊（2014）通过进行133名领导和645名成员调查问卷的数据配对研究，发现领导工作投入越高，团队绩效增加越明显。张彦（2014）提出企业员工的工作投入程度越好，组织生产力、总利润率以及组织总体绩效就会越高，反之，与组织事故发生率存在着显著的负相关关系。

2.3　感知组织支持研究综述

2.3.1　感知组织支持与组织支持感

Eisenberger等人（1986）提出了感知组织支持的概念，这一概念是基于社会交换理论、互惠原则与组织人格化等观点基础上提出的，形成了组织支持理论（Organization Support Theory）以及感知组织支持（Perceived Organizational Support，简称为 POS）。在解释组织支持与感知组织支持两个概念的区别时，具体分析为：组织支持指组织为员工提供支持，即组织对员工的承诺；而感知组织支持指组织支持被员工感受到的程度，即员工对组织的承诺，因此，感知组织支持是员工提升组织承诺并付出行动的前提，广为学术界和学者们认可。国外文献大多数学者采用了“感知组织支持”这一提法（DeConinck，2010；Chiang，2012；Rineer，2017），也有部分学者将其界定为“组织支持”进行实证分析（George et al.，1993；Randall et al.，1999）。国内现有文献受语言文化或语意翻译影响，对于这一概念的界定不尽相同，大致分为三种：组织支持感（或组织支持）、感知组织支持（或知觉组织支持）与组织支持感知等。

一是组织支持感。凌文辁（2006）将 POS 翻译成组织支持感，即员工对组织看待他们的贡献并关心他们利益的一种知觉和看法，当员工感受到来自组织的关心和认同等支持时，就会专心的积极地投入工作。田喜洲等人（2010）也将其界定为组织支持感，表示描述员工对组织重视以及福利待遇总体的感受，强调组织对于员工的支持才是导致员工愿意奉献投入精力的重要因素。卢纪华（2013）将 POS 解释为员工对组织是否重视员工贡献以及关注幸福感的全面看法，组织支持感。

二是感知组织支持（或知觉组织支持）。宝贡敏（2011）梳理了国内外大量文献资料，将 POS 定位为员工感受得到的组织支持程度，即感知组织支持。张文勤（2016）通过员工感知组织支持程度与员工情绪劳动策略之间关系角度，提出 POS 是员工自身的主观感受。施让龙（2017）将其界定为知觉组织支持，指员工发展衡量幸福感程度的一个整体信念，以自身角度来衡量组织重视员工和关怀员工程度。

三是组织支持感知。研究的现有文献还有将其解释为组织支持感知（苏文胜，2010；许颖，2015；吴婷，2017；王雁飞，2018）。因此，国内对于 POS 的内容定义与范围界定大致相同，都是以 Eisenberger 等人（1986）的定义为基础，重点关注员工的自然状态或主观感受，陈述的是一种客观事实情况。只是在词语的表达或词语顺序上略有细微不同，使用的可操作性定义与测量工具也没有明确的区分和明显的区别。

邵芳（2014）提出组织支持有两种表现形式，即个人感知组织的支持（POS）和组织提供的支持（Organizational Provided Support，OPS）。学者在使用概念时主要强调在操作化测量时是以员工对组织支持的感知为主导，利用感知组织支持的乘数量表实现的（Randall，Cropanzano，Bormann et al.，1999；George，Reed，Ballard et al.，1993）。刘智强等人（2015）指出关于组织支持相关理论的主流研究都从感知视角进行了探讨，换句话说，尽管组织提供了足够的支持，却没被员工感知到，即不被感知的组织支持起不到应有的作用，感知的意义受到了学者们高度的重视。

综上，我们以 Eisenberger 等人（1986）对感知组织支持的定义和理解为研究基础，通过研究组织支持对于出勤主义行为和工作绩效之间是否存在调节作用为切入点，是以员工感知为主导，操作化测量也是通过员工对组织支持的感受以及成熟量表来实现的，因此选用“感知组织支持”这一概念。

2.3.2 感知组织支持的维度与测量

梳理国内外大量文献资料可知，学者们分别从不同研究视角、研究方法和研究目的等方面对感知组织支持进行了维度划分，具体包括单维（Eisenberger et al.，1986）、二维（凌文铨、张治灿和方俐洛，2001）、三维（凌文铨、杨海军和方俐洛，2006）、甚至更多维度的划分（McMillin，1997）和综合性的权变结构观点（陈志霞，2006）。本研究主要从维度数量、维度名称、代表学者、量表题项数量、信度效度状况和量表特征等几个方面进行了对比，具体内容见表 2-6。

表 2-6 感知组织支持的维度划分及评论

维度	维度名称	代表学者	评　论
单维	感知组织支持	Eisenberger，Fasolo & avis-Lamastro（1990）；Shore & Tetrick（1991）；Shore & Wayne（1993）；陈志霞（2006）的狭义层次视角	36 条款的 SPOS 量表（Eisenberger，Huntington，Hutchiso，1986），信度为 0.97，该量表应用非常广泛
			16 条款的 SPOS 量表（Eisenberger，Cummings，Armeli et al.，1997）
			8 条款的 SPOS 量表（Eisenberger，Stinglhamber，Vanderberghe et al.，2002）
二维	上级支持、同事支持	Yoon J & Lim J C（1999）	6 个题项的量表，具有较好的信度和效度
	生活支持、工作支持	凌文铨，张治灿和方俐洛（2001）	8 条款的 SPOS 量表，内部一致性（0.83）；信度较高（0.70）
三维	工作支持、价值认同、关心利益	凌文铨，杨海军和方俐洛（2006）	24 个题项，信度为 0.87 较高
	组织支持、主管支持、同事支持	陈志霞（2006）的相对广义层次视角；程培培（2011）	Huffman，Watrous-Rodeiguez & King（2008）子量表内部一致性信度分别为 0.93、0.90 和 0.96
	感知组织制度支持、感知主管支持和感知同事支持	宝贡敏和刘枭（2011）	中国员工感知组织支持量表共 37 个题项，信度为 0.985
多维	亲密支持、尊重支持、网络整合、信息支持、物质支持、人员支持	McMillin（1997）	15 条款的 SPOS 量表；各子量表的内部一致性信度分别为 0.85、0.84 和 0.78；0.78、0.82 和 0.84 较高

对于感知组织支持的维度划分，国内外学者还没有统一的结论。以美国学者为首的 Eisenberger（1986）认可单一维度的测量和建构（Kottke & Sharafinski，1988），在美国之外的研究学者发现感知组织支持是个多维度的概念（Kraimer et al，2004）。按照组织支持来源或水平可以分为：上级支持和同事支持；按照组织支持具体内容分为：工作支持和生活支持；按照组织支持的形式分为：工具性支持和情感支持等。学者从不同视角和不同研究目的与不同的文化背景下开发了多种维度的量表结构。

我们以 Yoon J 和 Lim J C（1999）通过实证验证过的两维度（上级支持、同事支持）量表为基础，参考刘枭（2011）已经通过实证验证具有较高信度和效度的感知组织支持量表做了部分完善和调整。由于主要关注出勤主义行为、工作投入、感知组织支持和员工绩效等变量之间关系，四个变量全部从员工角度出发进行研究。我们综合考虑了学者们的观点，结合我们研究目的，从组织来源或水平进行分类，分为上级支持和同事支持。上级支持和同事支持对于员工的组织支持感有重要的影响（刘智强，2005）。

2.3.3 感知组织支持的影响研究

2.3.3.1 感知组织支持的影响因素

梳理国内外的文献可知，影响感知组织支持的前因变量较多，可以从个体因素（工作状态、个体性格等特征）、组织因素（工作条件、组织规模、文化氛围、管理者领导风格）等方面进行总结。

个人因素方面包括个体特征以及人口统计学变量等因素。Rhoades 和 Eisenberger（2002）通过实证研究方法进行了较为全面的感知组织支持影响因素的分析，结果表明个体因素中的责任心、正面情绪以及年龄、性别、教育程度、任职期限等人口统计学变量都会显著影响感知组织支持。Hui（2007）提出员工价值观念、积极情感是组织支持的重要影响因素，并且有显著关系。Eisenberger（2011）通过研究还发现员工的录用前经历、员工特点和工作状态也是影响感知组织支持的重要前因变量。吴婷（2017）通过 514 名员工的实证数据分析了，LMX（领导—成员交换关系）与组织支持感的正向影响作用。

组织因素方面包括管理者特征、组织氛围、Rhoades 和 Eisenberger（2002）通过实证研究方法感知组织支持影响因素的分析，发现组织因素中的主管支持、角色压力、组织规模、工作条件等也是感知组织支持的重要影响因素。DeConinck（2010）通过实证数据分析提出组织中的分配公平是影响组织支持感的重要前因变量。Payne（2018）使用了国家工作场所健康计划（National Health Worksite Program）的调查数据，针对 825 名企业雇员进行了工作场所健康文化对员工感知健康的组织支持和健康生活方式进行了多重回归模型的实证分析，结果发现管理者需要从建立良好的工作关系文化与工作环境等方面组建工作场所健康文化，从而促进员工感知到更多的组织支持和。刘追（2018）通过发放的488份有效问卷进行了电子领导力、组织支持感和员工敬业度之间关系的实证研究分析，利用结构方程模型验证后得出结论电子领导力显著正向的影响组织支持感与员工敬业程度。沈蕾（2018）采用实证数据分析的方法对424名员工的样本数据进行了研究，发现真诚型领导通过对组织支持感的间接效应进而影响员工的工作繁盛。陈建安（2017）基于知觉理论对71家企业的347名员工进行了跨层次研究，结果发现组织实施的支持性人力资源实践是影响员工组织支持感重要的内在因素。

2.3.3.2　感知组织支持的影响结果

目前，国内外文献对于感知组织支持的影响研究集中在对个体的态度、行为和结果等层面研究上，包括员工敬业度、工作满意度、创新行为、建言行为和工作绩效等方面。当然，个体的积极态度和积极行为自然会促进团队的和谐，营造良好的组织环境和文化，对组织产生积极影响，如团队氛围及组织绩效等。

国外文献方面：Rhoades等人（2002）通过元分析等实证方法对组织支持感与组织结果之间影响机制进行了探讨，结论得出组织支持感的增加会减少个体的退缩行为，从而改善组织的绩效。Eder等人（2008）通过数理统计的实证分析方法证明了，高水平的组织支持能够缓解团队与个人的退缩行为。Kurtessis等人（2015）运用元分析的方法证明了组织支持感的结果变量包括员工行为、员工绩效结果和员工幸福感。Lopez（2018）通过智利的400名零售业雇员进行横断面数据的实证研究，探讨组织支持感在工作不安全感和员工绩效之间的作用，结果发现，高水平组织支持感能够有效地强化工作不安全感和组织承诺之间的关系，起到显著的调节作用。

国内文献方面：张文勤（2016）通过南京地区224名服务员的调查问卷进行感知组织支持与情绪劳动策略的影响作用机制研究，发现员工感知组织支持对深层扮演的情绪策略有显著的正向影响。吴婷（2017）通过针对一家大型服务型地产公司120家门店的514名员工进行调查访谈，探讨了领导—成员交换关系、员工组织支持感和情绪枯竭之间的关系，结论得出领导—成员交换关系能够正向影响员工的组织支持感知。徐智华（2017）针对中小学教师发放问卷410份进行组织支持感与职业倦怠的影响作用机制，经过实证分析结果提出组织支持感显著负向影响情绪衰竭和成就感低落，显著正向影响预测非人性化，从总体上能够缓解员工的职业倦怠。

但同样是结果变量，不同的情景和研究方法下，对于同一问题的研究国内外学者得出的结论不相一致。Burnett等人（2015）通过实证研究方法证明了感知组织支持与员工的负责行为之间存在着倒U形曲线关系，解释为当员工预期当员工预期到负责行为相关费用时，这种非线性的曲线关系会被加强。孙建敏（2015）采用多项式回归检验针对302名证券从业人员的问卷进行了组织支持感与员工工作投入之间关系的实证研究，发现工作投入并没与随着组织支持感的增加一直在提高，而是呈现显著的U形曲线关系，即组织支持感增加员工角色外投入的同时减少了对工作角色的投入。因此，在进行变量结果影响的分析时还需要进一步的细化与深入开发。

2.4 工作绩效研究综述

2.4.1 工作绩效的内涵

Spangeneberg（1994）提出绩效的概念存在于组织、团队和个体等层面上，不同层面的绩效包含的含义、测量方法和影响因素也不尽相同。本文是以员工角度出发，研究特定的行为背景下（出勤主义行为）通过个体心理（工作投入）对其结果（工作绩效）的影响，因此，属于个体层面的员工工作绩效。

员工工作绩效是组织绩效的重要来源，是影响组织长远发展的关键因素，组织行为学和人力资源管理等领域之所以关注员工的态度、行为、心理、组织系统和组织文化等方面，归根结底是通过激发员工的工作热情、营造良好的组织氛围来提高个人绩效，从而促进组织的长远、健康、稳定发展，因此工作绩效研究一直是管理学等领域研究的核心问题。现有国内外文献已经针对员工工作绩效进行了深入的研究，关于工作绩效的界定上，大致分为三种观点：

一是结果导向论。结果导向论的学者们将工作绩效界定为员工的产出及成就是可以通过产出、关键绩效、生产率等经济指标进行测量或量化的结果。工作绩效结果导向论的代表学者Bernardin等人（1984）认为企业员工在一定期间内基于特定职能或活动的结果就是工作绩效，这是评估员工的最好依据。李宝元（2002）与Jerry等人（2005）学者将工作绩效定义为个体或组织在特定时间内的生产效率或质量等方面的产出及成果。这是学者们对工作绩效早期的认识，强调工作的结果，明确个体考核及奖励机制以任务完成程度为标准，方便管理者或组织进行定量的测量，但没有考虑绩效的本质及影响因素等问题。

二是行为过程论。行为导向论的学者们认为工作绩效不仅应该关注工作结果，在员工努力工作的过程中，会受到许多不可控制或不可预期的因素的影响，比如工作能力限制、团队成员关系和组织文化环境等，这些因素的存在，对工作结果产生了重要的影响，是需要员工投入很多时间和精力去解决的问题，这些与工作相关的行为本身也是绩效的组织部分。可见，随着学者们研究的不断深入和拓展，更加关注工作绩效的本质及影响因素。Rotundo和Sackett（2002）将工作绩效界定为个体控制下对组织目标具有贡献的一系列行为，它只包括员工尽自己能力对组织目标做出的行为，它是行为本身（Hunt et al.，1996）。张德（2004）等学者提出虽然绩效的结果能够促进组织目标的实现，但如果不能控制过程中的影响因素，员工这种利于组织目标实现的行为就会受到影响。

三是综合论。Michael 等人（1998）认为员工工作绩效不仅包含结果，也应该体现行为的重要性，两者相辅相成，互为因果关系，不能完全独立的存在。个体的行为是促成绩效结果的重要影响因素，绩效结果是个体行为的体现与保障。因此，工作绩效的概念应该至少包括行为和结果两个维度。Paul（2004）认为员工绩效是由行为、结果和工作态度三方面内容组成；饶征（2002）认为员工绩效由方式、行为和结果组成；黎娟（2014）提出员工绩效既是提高工作技能和不断进步的动态过程，也是体现工作效率和利润的静态结果。

可见，国内外学者对于员工工作绩效的定义分别从不同角度和研究目的进行了界定，至今尚未形成统一的观点，存在一定争议。我们在对工作绩效的内涵进行界定时结合了陈志霞（2006）和黎娟（2014）的定义，即工作绩效指员工在工作过程中利用自身可用资源所实现的与组织目标密切相关的结果或行为表现。

2.4.2 工作绩效的维度与测量

通过对国内外工作绩效内涵的文献资料梳理可知，研究学者关于工作绩效的研究过程总体呈现了从单维度到多维度的拓展过程。早期学者将工作绩效简单地等同于任务绩效即单维度，之后将关系绩效涵盖进来扩展到两维度，经过深入研究最终形成了近年来学者们提出的多维度等。不同的研究背景和关注视角形成了不同维度与量表的工作绩效研究（具体对比见表2-7）。

表2-7 工作绩效量表的对比分析

研究学者	维 度	评 论
Goldman 等，1990	单维度（9个题项）	早期的任务绩效量表
Goodman & Svyantek，1999	单维度（9个题项）	针对任务绩效进行的量表开发
Borman & Motowidlo 等，1993	2个维度（16个题项） 任务绩效；周边绩效	提出了任务—周边绩效二因素模型，得到了广泛的应用
VanScotterh & Motowidlo，1996	2个维度（15个题项） 工作奉献；人际促进	针对关系绩效量表的开发，信度效度很好，后人应用广泛
王辉，2003	2个维度（22个题项） 任务绩效；情景绩效	汉化版的任务—情景绩效二因素量表，信度和效度很高
何立，2010	2个维度（10个题项） 任务绩效；周边绩效	具有很高的信度和效度

续表 2-7

研究学者	维　度	评　论
陈志霞，2006	3 个维度（9 个题项） 人际促进；工作奉献；任务绩效	各维度的信度分别为 0.824、0.875 和 0.808，效度结构也很好
温志毅，2005	4 个维度（29 个题项） 任务绩效；人际绩效；适应绩效；努力绩效	以中层管理人员为研究对象，信度和效度很好
韩翼，2006	4 个维度（39 个题项） 任务绩效；关系绩效；学习绩效；创新绩效	对传统模型进行拓展，信度和效度较高

工作绩效量表随着技术变化和组织发展，突破了原有的单维简单的模型设定，国内外学者以 Borman 和 Motowidlo 等人（1993）的任务绩效—关系绩效二因素模型量表为基础，结合不同的文化背景、应用人群和研究方法进行了拓展和创新，至今没有统一的结构模型。本研究以员工工作绩效的综合论为理论基础，依据 Borman 和 Motowidlo 等人（1993）的任务绩效—关系绩效二因素量表出发，参考了国内众多学者（何立，2010；李永周，2015；马丽，2016）等已经成熟的、验证过的中文版本，拟从任务绩效和关系绩效两个维度对本研究的员工工作绩效变量进行深入分析。

2.4.3　工作绩效的影响研究

企业员工是组织的核心资源，是重要的人力资本，员工的工作绩效对于实现组织目标，促进组织发展有至关重要的作用。因此，国内外学者针对工作绩效的影响因素进行了大量的分析与研究，主要受个体层面（员工心理因素和个体特征因素等）；组织层面（领导者风格、组织支持和同事关系等）等复杂因素的影响。

2.4.3.1　组织层面

组织层面以管理者行为或特质为研究比较多的视角之一，其次还有组织特征，任务特征等。Jalal 等人（2015）通过实证数据分析进行领导风格与员工绩效关系的探讨，得出参与性和民主型的领导与员工绩效之间是显著的正向影响。Bouckenooghe（2015）利用 171 名员工和 24 名主管的配对数据进行实证分析来讨论伦理型领导和员工工作绩效之间的关系，结果发现伦理型领导对追随者的角色内绩效有显著的正向影响。何立（2010）通过实证数据分析探讨领导风格与员工工作绩效之间关系时发现，变革型领导对工作绩效有非常显著的正面影响；交易型领导对工作绩效的影响比较弱。林文静（2016）基于社会交换视角对 86 个团队的344份员工与主管的配对数据进行实证分析，发现服务型领导与员工工作绩效之间具有显著的正向影响。杨陈（2018）通过对206份主管与员工的匹配问卷进行组间试验设计进行谦卑型领导改善员工绩效的作用机制，提出谦卑型领导可以满足个体的自主、能力和关系需求进而促进创新绩效和任务绩效。陈倩倩（2018）采用210份调研问卷进行实证分析探讨领导者信息共享行为对员工绩效的影响机制，结果发现领导者信息共享行为可以促进员工的工作绩效。组织特征视角上，Githui（2015）运用实证方法进行组织文化与员工绩效之间的关系研究，发现组织文化参与和组织文化适应性维度能够正向预测员工工作绩效。与李建玲（2017）运用扎根理论方法探讨了中国本土组织伦理系统对员工绩效的影响机制，可知组织伦理时间通过“个体内在”和“社会网络”两条路径提高员工绩效。

2.4.3.2 个体层面

Motowidlo和Van Scotter（1994）在员工绩效结构及模型的研究过程中，发现美国空军机械师的个性特征影响着其任务绩效和关系绩效。Janssen和Van（2004）探讨了关于知识与员工任务绩效之间关系，发现基于知识定位的员工创新性绩效越高。Judge（2015）通过建立交互作用模型进行实证数据的统计分析，讨论五大人格特质与情景强度对工作绩效的预测作用，提出所有五个人格特质相对情景强度更能预测工作绩效。张生太（2011）运用结构方程模型对252名心理契约破裂员工数据进行分析，发现，心理契约破裂的三个维度与员工绩效之间具有显著负向影响。李伟等人（2012）通过两个阶段810份调查问卷进行员工内在动机、核心自我评价和工作投入对员工绩效之间关系的影响，发现员工内在动机对工作绩效由很强的预测作用，工作投入在内在动机与工作绩效之间存在中介作用。王玉峰（2016）针对全国30家企业发放1020份调查问卷来探讨员工的个体行为对组织变革后的绩效影响，发现变革压力下个体的积极行为对员工绩效和工作投入都显著的影响。张亚军等人（2018）从自我损耗理论的视角以290名员工的调查问卷为样本，通过层级回归等统计分析方法提出组织政治知觉、资源损耗是影响任务绩效的重要变量。

2.5 变量之间关系的研究综述

出勤主义行为与工作绩效之间关系。国内没有相关文献，国外已经有一些研究对出勤主义行为和工作绩效的关系进行了讨论，大部分学者提出出勤主义行为负向影响工作绩效（Hemp，2004；Lu et al.，2013；Carlo，2016），但也有学者提出它们之间存在正向关系，没有得到一致结论。Miraglia（2013）采用上司对员工的工作绩效做出评价的方式，使用跨层次回归分析方法对935名员工进行调查研究，得出出勤主义行为和工作绩效之间有显著的关系，当员工带病工作的频次越高时，员工的工作绩效越高。之所以出现了研究结果不一致的情况，可能的解释是上司将员工的出勤作为勤勉的一种标志，在领导的绩效评价中能够起到积极的作用，而在自我报告形式的绩效评价中，员工自身可能并未感到绩效的提高甚至可能觉得生病的状态会影响到自身的绩效。此外，现有文献没有进行出勤主义行为与工作绩效变量各维度之间关系的研究。

出勤主义行为与工作投入之间关系。国内没有相关文献，国外现有研究认为出勤主义行为负向影响员工的工作投入，学者们对于出勤主义行为和工作投入之间关系的结论比较一致（Admasachew & Dawson，2011；Baker-McClearn et al，2010）。Admasachew 等人（2011）调查了 156951 名国民医疗保健服务人员（National Health Service）的出勤主义行为与工作投入之间关系，发现出勤主义行为与工作投入存在显著负相关关系。Griffiths（2011）认为生病期间仍出勤工作是对工作表现出的道德责任，也是一种消极的情绪激励状态，会降低工作投入。但现有文献很少进行出勤主义行为与工作投入各维度之间关系的研究。

工作投入与工作绩效之间关系。国内外针对两者之间关系已经进行了大量研究，研究结论相对一致，即工作投入与工作绩效之间存在正向关系。Burton 等人（2017）提出工作投入是影响员工工作绩效和员工留任的重要影响因素，Christian 等人（2011）提出工作投入是组织提高竞争优势的关键因素，员工工作投入的越多，越能够及时和完整的完成组织的设定目标，与任务绩效和关系绩效之间具有正相关关系。翁清雄等人（2017）以 305 名科研人员为调查对象进行职业成长、工作投入和工作绩效之间关系的实证研究，得到结论工作投入与工作绩效正向相关，并发挥显著中介作用。汪群（2017）以随机抽取的 179 名新生代员工为问卷调查对象，研究工作价值观、工作投入和工作绩效变量之间关系，发现，工作投入对员工工作绩效具有正向影响，并具有部分中介作用。但现有文献很少进行工作投入各维度与工作绩效各维度之间关系的研究。

出勤主义行为、工作投入与工作绩效之间关系。国内外没有关于三个变量之间关系的文献研究，但国外有部分文献进行了将工作投入作为中介变量，分析出勤主义行为与其他变量关系的研究。对于工作投入在出勤主义行为与工作绩效之间中介作用的研究中，Karanika-Murray 等人（2015）针对 158 名员工进行了在线问卷调查，探讨疾病出勤主义行为、工作投入、工作狂热和工作满意度之间关系，发现工作投入和工作狂热在出勤主义行为与工作满意度之间起到完全中介作用。国内关于三个变量之间的研究主要集中于工作投入和工作绩效关系的研究，或工作投入作为中介变量的研究。总之，现有文献没有进行出勤主义行为、工作投入和工作绩效变量之间关系的研究，尤其没有各维度相互作用之间关系的研究。

出勤主义行为、工作投入、感知组织支持与工作绩效之间关系。Lu 等人（2014）针对 245 名中国员工和 128 名英国员工进行了出勤主义行为影响的跨文化研究，进行了出勤主义行为对工作满意度和职业倦怠的影响，以及感知组织支持的调节效应分析。但现有文献没有进行出勤主义行为、工作投入、感知组织支持和工作绩效变量之间关系的研究，尤其没有各维度相互作用之间关系的研究。

2.6 相关研究评述

通过梳理和分析国内外文献对出勤主义行为、工作投入、感知组织支持、员工工作绩效以及变量之间关系的研究，学者们已经进行了大量的理论与实证分析，取得了丰硕的研究成果，为我们的研究提供了坚实的理论基础，但是仍然存在着以下需要完善和深入研究的地方：

（1）出勤主义行为与结果变量之间的理论基础还需丰富和完善。出勤主义行为作为组织行为学一个较为前沿的研究领域，虽然取得了一定成果得到了很多实证研究的支持，但重点集中于出勤主义行为的普遍性、形成原因及影响因素等前因变量方面，对影响机制等还缺乏有力的理论框架支持。随着劳动力老龄化的趋势加剧，出勤主义行为现象将会更加普遍，因此影响机制的理论基础应更加完善。孙健敏（2015）提出应该更多的重视相关理论的构建，探讨未来出勤主义行为的产出机制与影响结果，提出有力的理论基础。

（2）我国本土化实证研究较少。国内关于出勤主义行为的文献数量较少，研究角度和研究内容较为单一。测量工具方面：赵芳等人（2010）进行了SPS-6量表的汉化和小样本的实证检验，董小方等人（2013）对工作受限问卷进行了本土化检验，尚未有其他关于测量工具的实证研究。影响因素方面：出勤主义行为的前因变量分析包括：心理一致感（陆星雨，2017）；间歇性疼痛、负面情绪、职业倦怠、睡眠质量、工作环境/氛围与社会适应（张睿，2017）；职业紧张与职业倦怠（黄丽，2013）；工作生活质量与职业认同（卢慧敏等，2018）。因此，中国情景下出勤主义行为相关实证研究，尤其是影响机制的研究还需要完善与加强。

（3）缺乏多角度多层次的影响机制研究。通过文献计量方法进行文献梳理后发现，国际出勤主义行为研究方向已经呈现向多学科多层面领域发展的趋势。现有关于出勤主义行为影响机制研究的文献，大多集中在货币化的经济损失、员工的内在因素或外在因素等简单层面进行分析，从综合的角度或多角度来进行分析的文献较少。虽然也有出勤主义行为影响员工工作绩效的文献，但是研究其内部作用机制的不多，而且并没有关于出勤主义行为、工作投入、感知组织支持和员工工作绩效四者之间关系的实证研究。同时，国外的文献研究大多以变量单维度之间关系为主，在中国情境下单维度的变量不能够充分的解释问题之间的联系，缺乏维度之间的相互作用研究。此外，现有研究对于出勤主义行为影响结果的结论不太一致，既有积极影响，又有消极影响。因此，中国情境下多角度多层次的出勤主义行为影响机制研究需要进一步丰富。

在已有文献研究的基础上，我们拟从以下几个方面进行深入分析：

（1）概念的进一步界定。通过文献梳理可知，出勤主义行为、工作投入、感知组织支持和员工工作绩效的概念界定尚没有统一的标准，尤其是出勤主义行为的概念决定了研究内容与研究范围，不同的研究内容和研究角度会赋予其不同的定义。因此，我们应结合自身研究背景及角度，对变量进行具体界定。

（2）理论基础的拓展。目前关于出勤主义行为影响机制研究的理论基础比较薄弱，能够解释和支撑的范围也比较有限。因此有必要为出勤主义行为影响机制研究引入新的理论基础，使出勤主义行为研究变得更加具有科学性和可靠性，为未来研究提供依据和借鉴。

（3）特定情境下的具体分析。受儒家文化和价值观等传统观念影响，中国文化背景下出勤主义行为的内涵以及影响机制与西方有所不同，我们以中国企业员工为研究对象，从内在激励和外在激励角度进行出勤主义行为影响机制的实证研究。

（4）验证变量间关系及维度之间的相互作用。探究中国情景下出勤主义行为对员工工作绩效各维度的影响；出勤主义行为对工作投入各维度的影响；工作投入各维度在出勤主义行为与员工工作绩效各维度之间的中介作用；感知组织支持各维度的调节作用。

（5）提出科学有效的管理建议。通过变量及维度之间相互作用结论的研究，从内部激励和外部激励等角度，提出能够干预出勤主义行为影响的措施及对策，为企业管理者提供切实可行的制度建议，从而提高绩效促进发展。

2.7 本章小结

本章通过科学计量分析软件 CiteSpace 与文献研究相结合的方法，进行出勤主义行为、工作投入、感知组织支持和员工工作绩效变量的国内外核心文献的梳理与分析，从内涵的界定、维度与测量量表、影响因素和变量之间关系等四大方面进行系统的思考与整理。通过综述述评发现，现有学者已从不同的文化背景、研究方法、研究视角和理论基础等方面对以上变量进行了一定的理论与实证研究，但仍存在不足与需要改进的问题。最后，提出我们的探索方向，为后续理论假设的提出与研究模型的构建打下基础。

第3章 理论基础、理论模型与研究假设

国外出勤主义行为研究虽然已经进入相对成熟阶段，但对于出勤主义行为影响机制的理论基础尚未形成一个有力的支撑框架。本章以资源保存理论与JD-R模型、社会交换理论和组织支持理论为理论基础，进行出勤主义行为、工作投入、感知组织支持和员工工作绩效变量之间关系的逻辑推导与理论分析，形成本书的研究模型，提出相关的理论研究假设。

3.1 理论基础

出勤主义行为作为一种普遍存在的组织现象，尽管已经得到了很多实证研究结果的支持，但出勤主义行为的结果影响即影响机制方面目前还缺乏一个统一的理论逻辑来解释（Johns，2010）。

3.1.1 资源保存理论与JD-R模型

3.1.1.1 资源保存理论

Hobfoll等人（1988）提出了资源保存理论（conservation of resource theory，COR），人们通常将个体特征、乐观的性格、工作自主性、组织支持、人际关系和福利待遇等视为珍贵的有价值的资源（Hobfoll，1988、1989；Lee & Ashforth，1996）。因此，人们会努力保留更多的资源，将资源的流失和损耗视为个体压力的来源。该理论将抽象的压力解释成具体的测量指标，从资源得失视角来解析压力情景下的个体行为动机，由此得到了在管理学和心理学等相关领域的广泛应用（曹霞，2014）。资源保存理论的核心思想和假设前提是个体乐于寻求和占有各种资源，资源的剩余或资源增值会给个体带来满足感和幸福感。相反，当个体感受到已有资源的丧失或资源无法获得时，会带来情绪的低落和心理上的紧张。资源保存理论描述了资源在个人和社会环境之间交互作用的过程（Hobfoll，1989），以及资源的内在激励和外在激励作用（袁凌，2014）。Hobfoll（2002）通过深入的研究提出了资源包括个体资源和社会资源两部分内容。

COR理论提出个体资源存在内部激励作用。个体资源指个体拥有的内在资源如心理资本，能够满足工作效能感和组织归属感产生内在激励作用，是员工心理深层对于内在（自尊和自信）和外在（乐观和信念）的积极信念。个体资源

能够帮助员工全身心地投入工作，并保持乐观积极的态度，这种积极的工作情绪还能够感染周围的同事及环境，促进和谐的组织氛围，提高工作效能，有效地应对工作中的各种困难和消极情绪。此外，COR 理论也提出当个体总是获得他们认为有价值的资源时，就可以满足相关要求并且拥有抵抗倦怠的自我效能感，反之，当个体失去认为有价值的宝贵资源时，无法满足外在要求或得到预期的回报，容易产生消极的倦怠情绪和不安全感。Demerouti 等人（2009）以资源流动为基础，提出员工能够调整自己的资源去达到工作要求，因此当员工带病出勤工作来满足工作要求时，会降低工作满意度带来负面影响。Bogaerts（2017）基于 COR 理论研究了工作不安全感与出勤主义行为之间的积极关系。

COR 理论提出社会资源存在外部激励作用。关系资源指社会交往中的外部资源如组织支持、工作自主性和工作—家庭互助等，通过满足个体的工作要求，激发员工工作投入产生外在激励作用。组织支持主要包括领导支持、同事支持和组织文化等方面，能够提高员工的工作投入和工作满意度，降低工作压力和消极情绪，满足社会情感需求和帮助工作目标的实现。因此 COR 理论提出组织支持可以促进个体产生自有资源的增量，提高员工获得增值螺旋的几率。当员工遇到困难和问题时，领导和同事支持在心理上和行动上对员工提供支持和鼓励，能够满足员工情感上的需求，增加对组织的归属感与组织承诺，有助于消除负面消极情绪，促进工作投入，是一种对员工有价值的宝贵资源。此外，COR 理论也可以用来分析基于社会资源基础上员工行为的原因以及结果的影响。Hobfoll（1998）提出当获得较高水平社会资源（如组织支持）时，员工组织归属感和组织承诺会有较大提高。高承诺或高情感依恋的员工会因为得到组织支持积极主动的维护组织利益作为回报，更倾向以优异的工作绩效回报组织支持（Mowday et al.，1982）。

但个体资源和社会资源并不是独立的存在，而是相互促进和相互影响的作用，资源交换体现的是交互交换流动的过程。当员工在工作过程中感知到来自组织的支持、关心和鼓励时，就会建立对组织的承诺和信赖，会将这种外部资源转化为自身的内在资源，会交换成积极乐观的工作态度、充沛的工作精力和专注的精神（张莉等，2012；Cuyper et al.，2012）。相反，员工的乐观和自我效能感能够提高个体绩效，营造良好的同事关系和组织氛围，自然会得到组织的认可与支持，也能够更好地体现自身的价值，获得更多的社会资源。COR 理论认为工作需求是导致消极情绪的主要因素（Lee & Ashforth，1993），而工作资源能够缓解消极情绪造成的工作压力（Lazarus & Folkman，1984）。

3.1.1.2 JD-R 模型

JD-R 模型即工作要求-资源模型（Job Demands-Resources model）是由 Demerouti 等人（2001）在 COR 理论的深入分析基础上提出来的。该模型在综合了前人的研究成果后，把工作条件分为工作要求和工作资源两部分内容。

工作要求指的是社会化或与组织相关的能够引发负面情绪的工作特征。因此工作要求与特定的生理和心理消耗有关，包括工作超负荷，时间需求和困难的工作环境等。Fox 等人（1993）提出工作超负荷以及规定时间内的高工作绩效标准是引发个体消极情绪以及工作倦怠的直接因素。员工通常会不得不选择投入额外的努力来应对较高的工作要求，从而保证工作绩效（Schaufeli & Bakker，2004）。Deery 等人（2014）和 Pohling 等人（2016）通过实证数据分析，研究发现工作超负荷与出勤主义行为正相关。当员工生病无法完成高绩效任务时，因工作任务限制同事职员的可替代性或后备人员配备不足无法完成替代工作时，面对高的工作要求组织支持会影响员工的出勤主义行为决策，员工更倾向于采取带病出勤的决策（Aronsson，2000；Johns，2011）。此外，组织对待员工缺勤的现象时也会反映较高的工作要求。严格的或是惩罚性的考勤管理体系会影响员工带病出勤工作的意愿，导致员工在真的病倒了的情况下不愿意请病假坚持工作的现象，但往往体力与生产力的下降会带来更多经济损失。

工作资源指工作中能促进个体达成工作目标、激励个人成长的物质、精神、心理等方面积极作用的资源。它和工作要求相反，能够激励员工成长与工作，降低工作要求，促进组织目标的实现。这一概念来自于资源保存理论中对资源的解释与理解。Bakker 等人（2007）强调在 JD-R 模型中工作资源能够发挥激励作用，激发员工的工作热情，更可抵销工作要求带来的负面影响；还能够具有外在激励作用，促进团队和谐组织气氛的形成，提高团队绩效，实现工作目标。研究发现工作资源能够降低出勤主义行为的发生频率，即上级支持和同事支持（Caverley et al.，2007；Baeriswyl et al.，2016）等。此外，作为组织资源的组织公平感同样也可以降低员工带病出勤工作的频率。工作过程中当员工感受到较高的组织公平感时，会将其视为组织对其的支持，同时转化成积极的工作投入，即使休病假或生病期间，员工也会提高组织承诺端正认识选择出勤主义行为作为对组织支持的反馈和回报（Johns，2011）。

JD-R 模型与出勤主义行为有很密切的关系（Grigsby，2013；Lu，2013）。出勤主义行为是指当员工必须满足组织对出勤制度的要求或完成工作绩效的要求时，不得不做出的带病坚持出勤工作的行为。当生病的员工面临出勤制度和工作绩效的工作要求时，身心健康与工作要求呈现显著的负相关关系，因此员工的工作投入程度即工作资源会受到很大影响。但当感受到来自同事或组织的支持时，这种消极的影响会得到缓解，帮助员工恢复身体的状态，工作资源则与员工的态度和行为存在正相关。相反，当面临较少的工作资源时，较高的工作需求会带来巨大的压力，使得员工不得不选择带病出勤工作（Yang et al.，2015）。Bakker（2003）对 477 名企业员工进行工作要求与健康问题关系的调查问卷分析，结果发现工作压力、工作绩效和情感要求等问题会导致严重的健康问题，也会带来员工缺勤的行为。胡文娟（2015）指出工作压力是员工表现更多出勤主义行为的原因。McGregor（2016）利用 JD-R 模型对 980 名澳大利亚员工进行了关于工作要求和资源与出勤主义行为之间关系的调查问卷研究，得出结论过度工作要求带来的压力和倦怠，以及工作投入和工作中缺乏资源导致的过度疲劳，可能会导致出勤主义行为。因此，干预手段可以调节员工工作需求与可利用资源之间的关系，这是解决出勤主义行为上升问题的一种创新方法。

3.1.2 社会交换理论

社会交换理论起源于 20 世纪中期的美国，它是组织支持理论产生的理论基础，也是现代社会理论的重要组成部分，为更好地诠释员工工作行为提供了一个有影响力的框架（Cropanzano & Mitchell，2005），是进行员工与组织之间关系研究的重要理论支撑（宝贡敏，2011）。

社会交换理论最早由 Homans（1958）提出，是指针对物质与非物质（包括赞美和声誉等）商品之间的交换。Blau（1964）在理论中分析当交换的一方提供了有价值的资源时，相互依存的互动会使得另一方产生回报这一有利资源的义务感，从而形成生产性交换行为。Cropanzano 和 Mitchell（2005）提出了交换的参与者会表现出回应他人需要亲密的人际关系等多类型的交换关系。Blau（1964）提出经济交换关系是短暂的、较弱的人际依赖关系；而社会交换关系是长期的开放的强烈的人际依赖关系。人们通过相互沟通、帮助和交流产生信任和承诺，能够从经济交换关系转变成社会交换关系。Molm（2003）在此基础上提出了交换关系的另外两种形式：协商关系是基于讨价还价能力基础上双方达成以分离为目的的交易关系；而互惠关系则建立在双方自愿参与的基础之上进行的互动行为，它不受具体行为的约束，拉近了双方的距离与不平等，促进了双方的信任和承诺。

根据社会交换理论，员工与组织之间应遵循互惠原则，即员工工作是为了获得经济和社会性报酬，当获得组织的关心和帮助时，员工激励自己帮助组织实现目标，员工从组织那里获得的越多，作为回报员工也会付出越多（孟祥菊，2010）。员工会将个体与组织之间的关系作为调整自身态度和行为的依据（容琰等，2015）。这种开放式的互惠原则能够促进同事之间网络联系，提高领导与员工、员工与员工之间的相互信任和依赖，帮助建立和谐的长期的关系。当员工为组织付出辛苦和劳动时，如果能够收获到领导与同事的肯定与支持，则社会交换关系随之形成（March & Simon，1958）。当员工感受到对组织的贡献与获得的回报存在对等交换关系时，就会产生对组织的依附情感（Shore & Tetrick，1991）；甚至说员工获得组织的优厚对待后，会主动对组织作出补偿和回报（Eisenberger 等，2001）。换而言之，员工与领导或组织之间维持和发展是基于互惠原则基础上展开的，当员工愿意为组织和主管付出时，也一定会得到组织和主管的肯定与帮助等方式的回馈，社会交换关系的形成是社会交换理论的核心和根本（陆欣欣，孙嘉卿，2016）。因此，当管员工感受到来自上级、组织或同事之间的支持时，会回馈给对方同样的帮助与支持，形成良好的社会交换关系与和谐积极的组织文化氛围，促进个体积极品质的形成，以及个体绩效和组织绩效的提高。

3.1.3 组织支持理论

在组织行为研究领域，员工与组织之间的关系是获得较多关注的重要研究议题之一。从 20 世纪 80 年代起，学者们围绕组织支持展开了大量研究，内容涉及心理学、管理学、公共环境职业健康和医学等社会科学领域及跨学科领域的相关部分。在大数据的时代背景下，互联网和人工智能等现代科技快速发展，全球市场的竞争加剧，社会环境和组织环境的剧烈变化严重影响着员工的工作行为和幸福感，员工个体的压力随之增大，组织支持与工作绩效甚至企业发展紧密相关。组织支持研究的增加，有助于提高个体的心理资本、工作满意度、组织承诺和工作绩效，进而促进组织绩效与组织成长（Rhoades & Eisenberger，2002），改善员工与组织之间的关系，为进一步完善人力资源管理提供了理论意义和实践借鉴。组织支持是员工形成积极心理状态，促进组织与员工之间和谐密切关系的重要影响因素。组织支持理论是在社会交换理论基础上产生并演化而来的。随着全球经济的快速发展与社会环境的变化，组织发展面临着巨大的生存压力和竞争困境，为了降低成本提高经济效益，企业不得不进行兼并和重组，原有的稳定雇佣关系在当前的组织环境下不复存在（Anne et al.，2002）。组织不得不重新思考员工与企业之间的关系，争夺更有价值的人力资源和资金资源，提高企业的核心竞争力，从而增强竞争优势。

学术界在之前的研究中重点关注了员工对组织的承诺，忽略了组织对员工的承诺。组织支持理论的提出使得更多的企业管理者意识到：组织目标的实践完全依赖于雇主对于员工做出的关怀与肯定，需求满足与重视，人性化的管理需要建立在充分尊重个体的基础之上。该理论源自于企业的实际管理工作中，重点关注了组织与员工之间的交换关系，主要指根据员工的工作状态和绩效给予精神和物质上的奖励与报酬，用这种方式表达组织对于个体辛苦付出的认同、肯定与期待，通过交换关系的形成，员工能够充分的感知到组织的支持，会提高对组织的归属感和专注的工作投入，积极处理组织运行过程中出现的问题，投入更多的创新行为，形成对于组织更多的情感承诺。组织支持理论试图从组织对员工的支持层面来解决组织管理中所出现的实际问题，提出先由组织对员工做出承诺，然后基于互惠原则一定会得到员工对组织的承诺，双向的承诺能够有效地提高组织绩效促进企业发展。

田喜洲（2010）通过对全国不同地区的 721 份样本开展问卷调查，探讨组织支持感与员工工作行为的影响，提出组织支持感能够促进员工的心理资本，进而正向影响角色内行为、组织公民行为和缺勤行为等，应该受到人力资源管理系统的重视。刘枭（2011）以社会交换等理论为基础，通过发放大量调查问卷并运用多层次回归实证分析进行了感知组织支持对个体行为和团队行为，甚至团队创新绩效的影响研究，得出感知组织支持在激励员工个体行为和促进团队绩效方面有重要的意义和作用。许璟（2017）采用中国 2 家企业共 452 份调查问卷进行了多样本结构方程建模，探讨组织支持感对个体组织认同的影响机制，得出个体感受到的组织支持越高，越会有更高的自我价值感知与组织认同，两者具有显著的正向影响关系。Caesens（2019）通过分别来自比利时的 263 名教师和 477 名企业员工两组不同数据进行实证对比分析，针对感知组织支持对工作场所冲突的影响研究，结果发现感知组织支持与关系冲突、任务冲突呈现负相关关系。

3.2 理论模型构建

通过梳理大量国内外文献，以资源保存理论与 JD-R 模型、社会交换理论组织支持理论为理论基础，系统分析了出勤主义行为、工作投入、感知组织支持和员工工作绩效变量之间关系，探求了出勤主义行为的影响机制研究。通过分析，我们认为出勤主义行为不但能够直接负向影响员工工作绩效，而且能够通过工作投入这条心理路径影响员工工作绩效。此外，感知组织支持在工作投入与员工工作绩效之间能够起到调节作用。

因此，本研究选取了四个研究变量，以出勤主义行为为自变量，以员工工作绩效为因变量，以工作投入为中介变量，以感知组织支持为调节变量。构建了研究模型如图 3-1 所示。

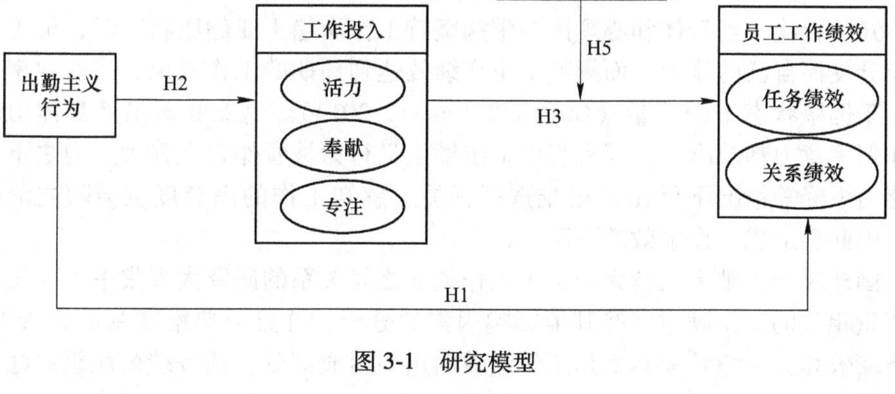

图 3-1　研究模型

3.3 研究假设

3.3.1 出勤主义行为与员工工作绩效

现有的出勤主义行为研究集中在其普遍性、决定因素和经济成本等方面，忽略了潜在的影响机制和个体态度等相关结果影响（Maria，2015），而往往出勤主义行为又是引发未来潜在风险的重要因素，如：身体状况的恶化、心理健康（Gustafsson & Marklund，2011）、生产力损失或下降和未来的疾病缺勤（Bergström et al.，2009；Bodin et al.，2009；Demerouti et al.，2009）。

国外学者关于出勤主义行为的影响结果或影响机制研究集中于货币化的生产力损失和态度、健康等方面。面对失业压力的限制，生活工作质量受损或组织管理制度的约束等复杂原因影响，企业员工带病期间选择出勤工作，经历着巨大的心理和生理上的压力，影响工作任务的质量和数量，降低个人和组织绩效。Gifford和Jinnett（2014）提出在健康状况不佳的情况下工作，即使身体出现在工作场所，但心理上却是缺失的，可能会导致工作绩效的下降，或者工作产出的质量很可能低于最佳健康状态下的产出。Caverley等（2007）通过进行了实证数据分析，结果发现了出勤主义行为与工作满意度之间具有微弱的负向相关性；员工对于工作越是不满意，越是没有办法集中精力或专注的融入工作状态。Claes（2011）结合英国进行的一项实证研究指出，经常出现出勤主义行为的员工倾向于把工作描述为有压力和不满意的（Baker-McClearn et al.，2010），员工的负面消极情绪降低了工作热情和工作效率。Karanika-Murray（2015）提出疾病出勤主义行为通过情绪—动机假说理论来负向影响工作状态，但无论是不是因为工作过度而造成的出勤主义行为（Hansen & Andersen，2008），或者由于担心造成不良后果，员工都会因为没有得到适当的恢复对工作产生消极的态度和生产力减损（Demerouti et al.，2009）。Lu（2013）通过调查245名全职的中国员工来分析出勤主义行为的产生动机，得出出勤主义行为负向影响员工的身体/精神健康、工作满意度，但正向影响职业倦怠。通常来说个体的情感-激励状态深受身体和心理感知的影响，当身体和心理因为带病坚持工作而趋于亚健康状态时，员工会很难充分发挥自己的能力，而影响其工作绩效达到预期的工作效果，工作效率会远远低于健康状态下的质量（Gifford & Jinnett，2014）。这意味着虽然身体出席了工作但注意力却缺席了，某种程度上出勤主义行为被看作是在强大压力之下和工作能力下降等情况下做出的艰难选择，员工感知工作的满意度也会随之消耗殆尽，因此会造成工作绩效的下降。

国外对于出勤主义行为与员工工作绩效之间关系的研究大多集中于与工作绩效变量相关的工作满意度等其他影响因素的分析，并且以单维度变量分析为主。任务绩效和关系绩效原本就是工作绩效的重要组成部分，任务绩效侧重关注角色内的强制性的工作任务，而关系绩效侧重关注角色外的资源性的高灵活性的工作内容（王辉，2003；陈志霞，2006），但都受到员工带病出勤后身体机能衰弱而导致的生产能力下降的影响。可以理解为，员工越是带病坚持工作，越会降低员工工作绩效。因此，基于以上观点提出如下假设：

H1：出勤主义行为负向影响员工工作绩效；

H1-1：出勤主义行为负向影响员工任务绩效；

H1-2：出勤主义行为负向影响员工关系绩效。

3.3.2 出勤主义行为与工作投入

出勤主义行为被视为员工的承诺或一种组织公民行为（Demerouti et al.，2009；Johns，2010），由于对组织和员工的都存在潜在影响，如生产力损失、消极情绪、现有状况恶化（Johns，2010）以及对同事健康的负面影响（Baker-McClearn et al.，2010）等，越来越受到研究人员的关注。出勤主义行为与工作投入之间的关系研究实质上是从个体内在心理机制层面进行的影响分析，是出勤主义行为影响机制的路径之一。

根据 JD-R 模型理论，企业管理中的考勤制度要求与工作绩效的要求都是工作要求（JD）的体现，而员工乐观的品质、充沛的精力和积极投入工作的热情是宝贵的工作资源（JR）。当员工处于带病出勤工作的状态时，较高的工作要求会负向影响个体资源的投入程度，降低积极的工作热情和精力，从而影响整体绩效。Albrecht 等人（2015）从多个理论框架中提出了一个综合的复杂的工作投入模型，该模型考虑了组织环境因素、工作环境因素、个人心理及健康因素和动机因素与工作投入之间的关系。比如：员工在工作中做出身体和脑力上的付出之后，需要通过充分的休息来给身体和心理进行补给与恢复；否则，一个人的健康状况与工作状态将处于高度的激活状态，很难恢复到适合的水平（Meijman & Mulder，1998），这也验证了社会交换理论的观点。对于一个处于亚健康状态的员工来说，这将给他造成额外的负担和精力去处理接下来的工作任务，从而满足工作要求，因此形成了恶性循环，最终导致长期的疲劳（Sonnentag et al.，2012）。换句话说当人们生病的时候，他们无法将最好的活力、全部的精力和专注力放在工作上，没有办法给予真正的工作投入。他们应当花时间休息，远离工作，从心理上和生理上进行调整。资源保存理论也提出当员工个人资源（身体、心理状况）无法满足工作要求时，便会无法全身心地投入工作。

梳理大量国外文献研究可知，大多集中于将工作投入整体看做单维度的变量进行的结果分析，或与工作投入变量相关的其他情感、心理等影响因素之间的关系分析。虽然学者们在进行工作投入理论界定时分为活力、奉献和专注三个方面，但在实证分析的过程中没有进行具体维度划分和区别。因此，我们提出活力主要关注个体的生理层面，即工作中的充沛的精力和心理韧性，以及愿意为工作付出努力的意愿和面对困难时的坚持；奉献主要关注个体的情感层面，指的是高度的工作投入和工作热情，能体验到自豪、激励和挑战的感觉；专注主要关注工作时的心流体验，指的是全身心融入工作的开心状态，这三个不同维度都是工作投入的重要组成部分，受到个体身体健康状态的直接影响，换句话说身体健康状况是影响工作投入生理层面、情感层面和工作专注度最直接的重要影响因素。当员工选择带病出勤工作时，身体机能会因为没有得到充分的休息而下降，导致工作过程中生理层面充沛精力的下降即活力的降低。同时由于出勤主义行为带来的负面消极情绪影响了自身的满意度，也影响了情感层面对于组织的自豪感和归属感，降低了工作热情和卷入度即奉献的降低。此外，在面临工作任务时没有办法集中高度精力去融入工作状态，从精神层面影响了心流体验即专注的下降。总之，越是带病坚持工作，越会降低员工工作投入的活力、奉献与专注。基于以上观点提出如下假设：

H2：出勤主义行为负向影响员工工作投入；

H2-1：出勤主义行为负向影响员工活力；

H2-2：出勤主义行为负向影响员工奉献；

H2-3：出勤主义行为负向影响员工专注。

3.3.3 工作投入与员工工作绩效

杰克韦尔奇曾说过："公司如果想靠竞争取胜，必须想办法提高员工的工作投入"。可见，员工的工作投入对公司的绩效和长远发展有着至关重要的作用（卢纪华，2013）。在当今科技飞速发展与经济形势不断变化的社会背景下，组织面临着空前的竞争和生存压力。员工是组织重要的人力资源，也是竞争优势和能力的重要来源。只有组织的员工全身心投入到创新研发或日常的工作，才能保证企业正常运转与稳定的发展。工作投入的定义虽然众说纷纭，但归结起来都是一种积极向上，全心投入的主动状态。工作投入在具体的表现上，是一直努力的工作以及忠于自己的组织或集体，是因为热爱工作，享受并投入精力的过程。公司员工一旦工作投入程度较高，代表着对公司组织文化和价值理念高度的认可，会主动积极的贡献自己的力量，提高实现自己的价值与绩效。

JD-R模型理论提出人们通常通过工作特征与个体资源的组合来预测个体行为。因此，面对高工作要求时，对员工的主观职业成功有着显著影响，如对工作和组织有正面的态度，有较高的工作满意度和职业满意度（Demerouti，2001；Hakanen，2006）。国内学者张轶文等人（2005）也提出从工作满意度来看，个体工作投入的状态能够积极影响工作满意度，即当员工投入充沛的热情和精力去工作，说明对于组织具有较高的工作满意度，反之亦然。员工在工作过程中获得了大量关于知识、技能和态度的学习机会，不仅有利于降低工作要求引发的压力负面影响和激发员工积极应对压力，也能使员工和组织很好地适应变革。此外，员工也非常愿意在工作中学习，因为这种学习更有针对性，更有助于增加个人的可雇用性并促进个人学习和发展，进而提升满意感和组织绩效。虽然相当多的研究表明倦怠与工作投入之间呈现负相关关系，但 Moeller 等人（2018）提出尽管不受到其他外界情况的影响，工作投入程度也会随着时间的推移而下降。Van Mierlo 和 Bakker（2018）研究了在新成立的团队中工作的个体之间是否可以相互接触。参与者被要求在受控的实验室条件下执行一个动态的、交互式的工作任务，允许在任何相互影响发生之前从“零”点观察交叉过程。结果表明，团队成员工作投入得分确实会随着时间的推移而收敛，工作任务持续的时间越长，员工的工作投入下降得越快，从而降低了工作绩效。因此，员工工作投入的越多，工作绩效越高。基于以上观点，提出以下假设：

H3：工作投入正向影响员工工作绩效；

H3a-1：活力正向影响员工任务绩效；

H3a-2：奉献正向影响员工任务绩效；

H3a-3：专注正向影响员工任务绩效；

H3b-1：活力正向影响员工关系绩效；

H3b-2：奉献正向影响员工关系绩效；

H3b-3：专注正向影响员工关系绩效。

3.3.4 工作投入的中介作用

JD-R 模型理论是进行工作投入研究与解释工作投入最常用的理论之一，人们通常通过工作特征与个体资源的组合来预测工作绩效。因此，面对高工作要求时，高投入的员工拥有足够的工作和个人资源应对这些挑战，能够缓解工作要求对行为结果的消极影响（Bakker et al.，2013；Tadic et al.，2015）。个人资源指员工对他们所处环境的感知控制认知或信念，在面对较高工作要求时，起到了不可替代的重要作用。工作投入的人有活力感、与工作保持着有效的联结，并能够很好地处理工作上的要求。工作投入是主动地、积极地进入生活，乐观奉献，还会在心理与社会方面表现良好；工作投入的员工越是努力工作，就会有越高的绩效和越多的幸福感。这种积极向上乐观特质状态能够帮助员工长时间的专注工作，投入精力，并且对工作有着很高的归属感。

学者 Osman M. Katatepe（2012）通过实证数据分析验证了工作投入在同事支持和主管支持与职业满意度工作绩效变量关系之间的中介作用。Alessandri 等人（2018）通过调查问卷研究进行了实证数据分析，检验了个人资源或心理资本（即关于自我效能、乐观、希望和弹性的自我信念）与工作投入和工作绩效之间的关系，以及能否拥有预测作用等。研究结果表明，绝对水平和心理资本的增加都预示着随后工作投入的增加，而工作投入的增加反过来又预示着工作绩效的提高。这说明除了工作资源之外，员工对个人资源的信念也是影响工作投入和工作绩效的重要决定因素。Tims 等人（2012）运用 JD-R 理论提出并证明了工作加工可以采取主动增加工作资源、增加挑战性工作需求或减少阻碍性工作需求的形式，从而提高工作绩效。他们发现，不同职业的员工（如教师、税务人员、全科医生、咨询师、化工厂操作员、护士）都能够表现自我调整行为。特别是以增加挑战性工作需求和增加工作资源的形式进行的工作加工与工作投入和任务绩效呈正相关。此外，员工可以学会加工他们的工作，从而获得更多的工作和个人资源，更高的工作投入，并提高绩效（Gordon et al.，2017；Van Wingerden et al.，2017）。这意味着，个人主观意愿是一种有效的自下而上的策略，可以提高工作投入和工作绩效，因为它增加了工作的意义，以及人与组织之间的契合度。基于以上观点，我们提出如下假设：

H4：工作投入在出勤主义行为与员工工作绩效之间发挥中介作用；

H4a-1：活力在出勤主义行为与任务绩效之间发挥中介作用；

H4a-2：活力在出勤主义行为与关系绩效之间发挥中介作用；

H4b-1：奉献在出勤主义行为与任务绩效之间发挥中介作用；

H4b-2：奉献在出勤主义行为与关系绩效之间发挥中介作用；

H4c-1：专注在出勤主义行为与任务绩效之间发挥中介作用；

H4c-2：专注在出勤主义行为与关系绩效之间发挥中介作用。

3.3.5 感知组织支持的调节作用

Eisenberger 等人（2002）提出感知到的组织支持是员工提升组织承诺，并实施支持回报组织目标行为的前提，因此，感知组织支持是个体行为唤起的决定性因素。同时，组织支持理论中提到当组织关心员工利益和长远发展，肯定和鼓励员工做出的贡献后，员工认为这是组织为其提供的充分资源，因此能够激发工作热情和信心，提高心理资本，是员工今后工作的驱动力和内在动机。对于组织整体而言，感知组织支持也有益于形成和谐的上下级管理关系，积极向上的组织文化氛围，提高组织的整体绩效。

人们通常通过外界条件或工作资源（如：社会支持、组织支持）提升个体恢复水平，降低工作要求对员工生活和健康的消极影响，帮助企业管理者有效缓解组织绩效与个体幸福感难以兼得的矛盾。管理者的高工作要求会消耗员工的个人资源和积极的心理资本（如工作投入），导致个体难以从工作中脱离，阻碍员工的资源恢复过程。黄停等人（2017）指出员工面临非健康环境下组织的工作要求会影响其正常恢复过程。相反，当管理者降低工作要求，给予其鼓励与支持，会削减其消极作用。提出交换的个体为另一方提供有价值或有利的资源时，另一方会产生回报这一有利资源的义务感，即社会交换理论中的核心原则——互惠原则。在解释组织支持与员工工作满意度、工作绩效之间关系时，可以理解为员工更喜欢与可以帮助他们实现付出与回报整体上达到平衡的组织或主管建立社会交换关系。这一原则强调双方基于对方付出进行的回馈是交换关系得以维持和发展的根本（陆欣欣、孙嘉卿，2016）。员工通常会把组织人格化（Levinson，1965），认为组织如同人一样具有行为的能力，由于主管领导掌握公司的资源分配及奖惩权利，员工会将主管领导视为组织的替代，将主管的行为等同于组织的行为，透过主管的行为来表达组织的意愿和想法。Schmid（2017）运用德国工业样本的横截面数据进行了支持型领导行为与出勤主义行为之间关系的研究，得出支持型领导行为会降低出勤主义行为的相关成本，因此为了促进员工的健康、绩效和生产力的效率，应该注意从公司层面改善相应的领导行为支持方式。Vanni（2017）通过对食品行业公司 847 名员工调查研究，发现员工感知的领导能力与激励支持可以有效地削弱出勤主义行为的消极作用，提出组织应注重激励领导能力实践。Michishita（2017）提出在组织制度设计中采用积极的休息计划以及智能体育锻炼训练（Justesen，2017），让员工感受到组织的关爱与支持，可以提高员工活力并改善出勤主义行为的风险（Walker，2017）。

工作资源能够帮助员工激发工作投入。Eisenberger（2001）根据酬报原则提出较高的组织支持感会使员工产生一种回报组织的心理压力，进而提高员工的工作投入、组织承诺和工作绩效，帮助组织实现组织目标。王雁飞（2018）采用多阶段多来源的配对数据进行了 360 份调查问卷的收集，并对组织支持感知与员工变革支持行为之间的影响机制进行探讨，得出组织支持是提高员工认识改变其态度和行为的重要影响因素，是员工变革行为的驱动因素。基于以上观点，我们提出如下假设：

H5a：上级支持在工作投入与员工工作绩效之间起负向调节作用。可以理解为：高水平的上级支持可以缓解员工因出勤主义行为带来的低工作投入（各维度）所导致的员工工作绩效（各维度）下降的消极影响。

H5a-1：上级支持在活力与任务绩效之间起负向调节作用。

H5a-2：上级支持在活力与关系绩效之间起负向调节作用。

H5a-3：上级支持在奉献与任务绩效之间起负向调节作用。

H5a-4：上级支持在奉献与关系绩效之间起负向调节作用。

H5a-5：上级支持在专注与任务绩效之间起负向调节作用。

H5a-6：上级支持在专注与关系绩效之间起负向调节作用。

员工感知到的工作场所组织支持程度能够有效地影响降低员工的情绪衰竭和个人绩效。Rhoader 和 Eisenberger（2002）提出当员工在需要帮助的时候感知到来自组织的支持时，不管是管理者的鼓励与认可，还是同事之间的互帮互助，员工都会认定组织是可靠的和可信任的，因此会更加努力积极的工作，来提高绩效和实现自我价值。McGregor 等人（2016）提出当增加工作资源（领导能力、同事支持）时，就会间接的影响工作投入，改变出勤主义行为。Saijo（2017）针对日本 2535 名当地政府雇员开展了关于社会支持（上司和同事支持）与出勤主义行为之间关系的调查问卷的分析，得出较高的管理者支持和同事支持对于出勤主义行为有保护的效应，较高的工作要求则会对出勤主义行为产生恶化的影响。因此，调整工作控制是影响出勤主义行为的有效干预措施，鼓励同事之间的支持可以作为调整缺勤的有效措施。Whysall（2018）发现出勤主义行为容易发生在较差的社会心理环境中（psychosocial environment），提出干预政策应该注重组织设计和制度管理，让员工感受到组织支持与同事支持。基于以上观点，我们提出如下假设：

H5b：同事支持在工作投入与员工工作绩效之间起负向调节作用。可以理解为：高水平的感知同事支持可以缓解员工因出勤主义行为带来的低工作投入（各维度）所导致的员工工作绩效（各维度）下降的消极影响。

H5b-1：同事支持在活力与任务绩效之间起负向调节作用。

H5b-2：同事支持在活力与关系绩效之间起负向调节作用。

H5b-3：同事支持在奉献与任务绩效之间起负向调节作用。

H5b-4：同事支持在奉献与关系绩效之间起负向调节作用。

H5b-5：同事支持在专注与任务绩效之间起负向调节作用。

H5b-6：同事支持在专注与关系绩效之间起负向调节作用。

3.4 本章小结

本章基于系统地梳理了大量国内外文献资料基础之上，形成了本研究的理论研究框架，通过深入分析变量之间的关系，构建相关理论模型，提出理论研究假设。首先，将资源保存理论与 JD-R 模型、社会交换理论和组织支持理论引入到出勤主义行为影响机制的研究中来，形成新的基础理论架构；其次，厘清出勤主义行为、工作投入、感知组织支持和员工工作绩效变量之间的逻辑关系，形成总体理论模型；最后，以中国情景为研究背景，从理论上系统分析了出勤主义行为、工作投入和员工工作绩效变量形成的内在心理影响机制，并探讨感知组织支持视角下对工作投入和员工工作绩效之间的影响研究，提出相关理论研究假设，为后续的实证分析提供了方向。

第 4 章 问卷设计与小样本预测试

陈晓萍等人（2012）提出验证假设的研究设计可以是问卷调查或实验。本章采用问卷调查的方法获取数据，主要从问卷设计、变量的测量以及小样本预测试三部分进行论述。由于实证部分主要是对出勤主义行为、工作投入、感知组织支持和员工绩效之间的关系进行研究，因此，量表设计的内容主要包括：出勤主义行为、工作投入、感知组织支持和员工绩效四个量表。

4.1 问卷设计

4.1.1 问卷设计基本原则与过程

随着管理学、心理学和经济学等人文社会科学研究领域发展的日渐成熟，问卷调查法由于其独特的优势被广泛学者认同与应用。问卷调查法的三大关键环节和本质特征包括：问卷设计、抽样调查和统计分析。其中，问卷设计是抽样调查和统计分析的基础，进行科学有效的问卷设计直接关系到研究结果的质量高低。李怀祖（2004）指出要想保证问卷的信度和效度，问卷设计过程中要遵循一定的原则。参考了国内外学者 Churchill（1979）、马国庆（2004）等人的观点，我们的设计原则如下：

（1）逻辑清晰，主题明确。问卷设计不是将需要表达的事情变成问题简单的堆砌在一起提供给被试者，它应该围绕明确的研究主题，并提出假设模型，设计相关指标体系，结合指标体系的需要设计相关问题，同时梳理问卷的逻辑关系及顺序，这样能够使问卷测量的内容与实际研究情形相一致，保证问卷题项的意思完整明确，达到预期目标。

（2）语言简洁，通俗易懂。问卷中提问的语气应亲切，尽量使用中性词语。语言简单明了，符合应答者的理解能力与认识能力，避免出现专业术语与含糊其词的词语，以免出现误解和歧义。内容避免涉及个人隐私问题引起被试者反感，问题的答案设计应该是互斥的，以免被试者无所适从。总而言之，力求简洁而不繁杂，具体而不含糊。

（3）结构科学，长度适中。调查问卷大多采用自陈式的作答方式，因此问题的设置应科学严谨。如：在显著位置对问卷的填答做出详细的引导语；将容易和有趣的问题放在调查问卷的最前面，人口统计学的信息放在最后面，以降低被试者的防御心理；问题的长度控制在 20 分钟以内，避免被试者产生烦躁情绪；

采用匿名的填写方式提高数据质量等。

因此，本研究的问卷设计程序如下：

第一，查阅核心文献，采用成熟量表。本研究通过搜索 Web of Science™ Core Collection（简称 WoS）和 CNKI 等核心数据库，整理分析大量关于出勤主义行为、工作投入、感知组织支持和员工工作绩效的高质量国内外文献，确定变量及其维度进行操作性的界定，筛选与本研究相关的已被学者证实的成熟量表，提高测量变量的信度和效度。但在应用国外成熟量表之前，还应考虑到跨地域的文化、语言背景差异性，以及该量表的本土化适应性。因此，本研究在量表的选取上以中国情景和企业员工开发的本土化成熟量表为主，同时也借鉴国外相关量表和专家访谈观点，在此基础上根据研究需要进行适当调整和修正。

第二，征求学术专家意见。为了提高问卷设计结构的合理性、与研究主题的相关性、概念描述的准确性以及模型建立的科学性等，我们首先在学术团队（3 名副教授、3 名博士毕业生和 4 名博士在读研究生）内部进行了问卷的试答，结合反馈的意见进行问卷的修改与调整。其次，拜访了省内企业管理专业的知名专家（3 名教授），征求了相关的改进意见，从学术角度提升问卷的可靠性与准确性。

第三，与企业管理者交流。为了增强问卷的实用性与可行性，我们分别与 5 名企业中高层管理者和 10 名企业员工进行了探讨与交流。由于企业的中高层管理者对于企业以及员工的具体情况比较熟悉，能够以行业管理实践的角度对问卷语言表述是否通俗易懂、问题设置是否容易选择、题项的考查方向是否贴合实际工作等方面给予改进的意见，最终形成预测试问卷。

第四，进行小样本预测试。为增强最终问卷的可靠性，选取小部分企业员工进行问卷调查的预测试，根据收集到的数据信息进行信度和效度检验，进一步进行题项的删减与修改，确定最终的正式调查问卷。

第五，大样本的实证分析。通过大范围正式调查问卷的发放与搜集，采用描述性统计分析、信度和效度分析，相关分析和多层次回归分析等规范严谨的实证分析方法，得出研究结论。

4.1.2 问卷偏差等问题的控制

调查问卷的题项是一种特质或抽象概念及构念的具体体现，被试者填写问卷是基于自身判断、理解以及态度等认知能力来完成，具有很强的主观性，因此，问卷的真实性结果也会受到被试者主观评价的影响，产生一定的误差或偏差。被试者主观性偏差是由来自组织、个体和问卷题目设计等多种原因造成的。比如社会赞许性和威胁性问题。社会赞许性问题指被试者在问卷填答过程中做出的迎合社会规范所期望和接受的行为。威胁性问题指会对被试者造成消极影响的问题。

本研究全部采取员工自陈式的问卷调查法，当进行出勤主义行为、工作投入、感知组织支持和员工绩效等量表测量的时候就会受到社会赞许性问题和威胁性问题的影响，员工会因为担心填写真实的感受容易被企业主管或同事发现，对自己造成不必要的威胁和麻烦。其他原因还包括：被试者不想回答某些问题、被试者可能不知道问题的答案、被试者受限于理解能力的偏差不能准确的理解问题等。针对以上可能存在的问题，本研究采取了如下措施：

首先，通过广泛的查阅国内外文献，采用被验证过的成熟量表，征求学术专家以及行业管理者的意见，对调查问卷进行反复修改，使逻辑关系更清晰，语言表述更通顺，减少歧义，提高问卷的可靠性和数据的质量。

其次，在问卷发放的过程中，强调调查问卷目的只是为了学术研究，而非用于商业或其他用途。同时采取匿名形式来保护被调研对象的个人及其他隐私，来保证被试者的填写内容是其真实想法和主观意愿，降低被试者的顾虑和担忧。此外，考虑到本研究的四个变量都是个体层面，整个调查问卷的内容需要由 1 人独立完成，因此，在调查问卷的设计过程中，有意将自变量、因变量、中介变量和调节变量的顺序进行了调整，并隐去了各个变量的名称，降低数据偏差提高调查数据质量（尹俊和王辉，2013）。

最后，由于我们是分析出勤主义行为、感知组织支持、工作投入和员工工作绩效变量之间的影响研究，因此选择的被试对象即企业员工要求已经连续在该企业工作一年以上，对企业的制度、运营状况、管理者和同事等情况比较熟悉，这样能够保证问卷的真实性和完整性。调查问卷的填写期间，对于被试者无法把握的题项内容，要求一定要核实后才能填写。

4.2 变量操作性定义与测量量表

本研究变量包括自变量（出勤主义行为）、中介变量（工作投入）、调节变量（感知组织支持）和因变量（员工工作绩效），以及控制变量（性别、年龄、婚姻、学历、工作年限、职位、企业所属行业、企业所有制类型和企业成立年数）。所有调查问卷的量表均采用五点李克特量表，其中：1 代表完全不赞同；2 代表比较不赞同；3 代表中性；4 代表比较赞同；5 代表完全赞同。

4.2.1 出勤主义行为操作性定义及测量量表

本研究的自变量为出勤主义行为（presenteeism）。Johns（2010）提出对出勤主义行为的定义应该紧扣行为本身，避免将原因、行为与结果混淆在一起（Lu，2013；张纪豪，2016）。出勤主义行为的自愿可选择性指当个体健康状况影响工作效率时，就会触发其在出勤与缺勤之间进行自愿的选择（Johns，2010）。综上，我们在 Aronsson 等人（2000）定义基础上进行了具体的界定，以此明确研究内容及方向，即：出勤主义行为是“当员工面对轻微和非严重疾病时，尽管身体感到不适，仍然选择带病出勤工作的行为”。

出勤主义行为量表以 Koopman（2002）编制的斯坦福出勤主义量表（简化）SPS-6 为基础，该量表拥有 6 个题项，经过实证验证具有良好的信度和效度，在 WoS 核心数据库的搜索中被引频次达到 227 次，应用最为广泛。该量表重点关注“在不被具体健康问题分心的情况下员工专注于工作的能力”（Koopman et al.，2002），符合本研究的选题与实证背景。Zhou（2016）采用 SPS-6 量表针对跨国 IT 公司的 450 名员工进行了问卷调查，将 SPS-6 的两个维度看做一个整体进行研究，检验了主管支持和角色模糊对与出勤相关的生产力的影响。同时参考了我国学者赵芳等人（2010）对 SPS-6 进行了中文版的修订，针对上海市某区职业人群中的 935 人进行问卷调查，结果表明 SPS-6 中文版问卷的信度、结构效度和区分效度都较好，并适用于工作场所的各类人口学特征的人群，具体内容见表 4-1。

表 4-1 出勤主义行为变量的测量量表

题 项	参考依据
PS1 在过去的 1 个月里，因为健康原因，我的工作压力更加难以调节了	Koopman（2002）；Martinez（2012）；Zhou（2016）；赵芳等（2010）；陆星雨等（2017）；卢慧敏等（2018）
PS2 在过去的 1 个月里，因为健康原因，我没法完成工作中难度大的任务	
PS3 在过去的 1 个月里，尽管健康方面有问题，我仍然能集中精神完成工作	
PS4 在过去的 1 个月里，因为健康原因，我觉得根本不可能开展某些工作任务	
PS5 在过去的 1 个月里，因为健康原因，让我不能从工作中得到乐趣	
PS6 在过去的 1 个月里，尽管健康方面有问题，我仍然觉得精力充沛，可以完成所有工作	

综上考虑，我们借鉴以上学者的研究成果，采用已经反复实证检验过汉化版的 SPS-6 量表，以确保研究的准确性与科学性。该量表共有 6 个题项 1 个维度，评分的分值越高，说明带病工作所导致的生产力损失越大，反之评分越低，说明带病工作所导致的生产力损失越小。为提高调查问卷的内容效度，该量表中设置两个反向题项（PS3、PS6）。

4.2.2 工作投入操作性定义及测量量表

本研究的中介变量为工作投入（work engagement），其定义采用 Schaufeli 等人（2006）提出的观点，即工作投入是一种以活力（vigor）、奉献（dedication）和专注（absorption）为特征持久和积极的认识情绪与状态。其中：活力主要关注个体的生理层面，即工作中充沛的精力和心理韧性，以及愿意为工作付出努力的意愿和面对困难时的坚持；奉献关注个体的情感层面，即高度的工作卷入和工作热情，能体验到自豪、激励和挑战的感觉；专注关注工作时的心流体验，即全身心融入工作的开心状态（Schaufeli，2002；林琳，2008）。

工作投入量表以 Schaufeli（2006）开发的 UWES-9 量表为基础，该量表拥有 3 个维度共计 9 个题项，具有很高的内部一致性和信度效度，在 WoS 核心数据库的搜索中被引频次达到 1413 次，应用最为广泛。Maria（2015）采用 UWES-9 量表进行了出勤主义行为、工作投入与员工满意度之间关系的相关研究，结果显示活力、奉献和专注三个维度的信度很高（α=0.87、0.90 和 0.74），整个工作投入量表的内部一致性很高（α=0.94）。马丽（2016）采用 UWES-9 的量表对 309 名新生代企业员工进行工作生活质量、工作投入与工作绩效之间的实证分析研究，结果显示活力、奉献和专注三个维度的内部一致性分别为 0.857、0.873 和 0.861，具有良好的信度和效度。谢宝国（2018）从人际互动视角进行两波数据调查，采用 Schaufeli（2002）UWES 量表（9 个题项）进行了工作团队中直接上级工作投入对下属工作投入的涓滴效应和内在机制，实证过程中发现活力、奉献和专注三个维度的信度和效度很高。

综上考虑，工作投入方面以 Schaufeli（2006）开发的 UWES-9 量表为基础，该量表已经在中国情境下得到了广泛应用。同时借鉴了相关学者的研究成果，Seppala 等人（2009）、Maria 等人（2015）、我国学者姚军梅（2017）以及谢宝国（2018）汉化后的中文量表，具体内容见表 4-2。量表包含 3 个维度共计 9 个题项：活力（3 个题项）、奉献（3 个题项）和专注（3 个题项）。

表 4-2 工作投入变量的测量量表

维度	题　项	参考依据
活力	WE1-1 工作时，我觉得干劲十足	Schaufeli（2006）；Seppala（2009）；Maria（2015）；姚军梅（2017）；谢宝国（2018）
	WE1-2 早上起床时，我很乐意去上班	
	WE1-3 工作时，我感到精力充沛	
奉献	WE2-1 我为自己所从事的工作感到骄傲	
	WE2-2 我所做的工作能够激励我	
	WE2-3 我对自己的工作非常热衷	
专注	WE3-1 当我工作时，我满脑子就只有工作	
	WE3-2 当我工作时，时间总是不知不觉就过去了	
	WE3-3 当我全身心投入工作时，我感到快乐	

4.2.3 感知组织支持操作性定义及测量量表

本研究的调节变量为感知组织支持（Perceived Organizational Support），包括上级支持（supervisor support）和同事支持（co-worker support）两部分。其定义本文采用 Eisenberger 等人（1986）和宝贡敏（2011）的定义，即感知组织支持是指员工感受到组织重视其贡献和关系其利益程度的总体看法。其中：上级支持指员工的直接领导或代表组织官方的支持；同事支持指来自同一工作单位的相同级别和岗位的伙伴支持。

宝贡敏和刘枭（2011）测试并开发了适合中国本土文化背景的感知组织支持量表，共包括 3 个维度 37 道题目，即感知组织制度支持（7 个题目）、感知主管支持（19 个题目）和感知同事支持（11 个题目），实证分析结果显示整体的信度和效度较高。由于本研究关注出勤主义行为、工作投入、感知组织支持和员工绩效等变量之间关系，四个变量全部从员工角度出发进行研究。因此按照不同的组织支持来源或水平分类进行适当的删减与调整，将感知组织制度支持与感知主管支持合并为上级支持，并按照探索性因子分析中旋转后因子载荷数值由高到低排序进行选择，形成了本研究的量表和题项。具体维度包括：与员工感知组织支持相比水平相当的同事支持；以及与员工感知组织支持相比水平较高的上级支持（Ladd & Henry，2000），它们对于员工的组织支持感有重要的影响（刘智强，2005）。其中，同事支持维度能够帮助员工建构网络状的工作资源，符合中国特有文化背景下的组织支持特征（Newman，2012）。Yoon J 和 Lim J C（1999）通过针对 1882 名韩国医院员工发放调查问卷的方式，讨论组织支持构成等问题，实证结果表明两维度的组织支持量表（上级支持和组织支持）具有良好的信度和效度，足够解释组织支持这一变量，并形成了相关量表（表 4-3）。

表 4-3　感知组织支持变量的测量量表

维度	题　项	参考依据
上级支持	SS1-1 单位的制度保障了我获得工作必需的培训	Yoon J 和 Lim J C（1999）；陈志霞（2006）；刘枭（2011）
	SS1-2 单位制度为我的学习进修提供资助	
	SS1-3 领导会为我的学习进修提供便利	
	SS1-4 领导对于人员配备和工作量的匹配能够做出合理安排	
	SS1-5 领导愿意倾听我工作中遇到的问题	
同事支持	SS2-1 团队成员愿意帮助我解决工作中遇到的问题	Yoon J 和 Lim J C（1999）；刘枭（2011）
	SS2-2 工作中团队成员和我配合默契	
	SS2-3 团队成员为我的工作提出意见和建议	

综上考虑，感知组织支持量表以 Yoon J 和 Lim J C（1999）开发的两维度量表为基础，同时借鉴了相关学者的研究成果，如：陈志霞（2006）、刘枭（2011）汉化后的中文量表。量表包含 2 个维度共计 8 个题项：上级支持（5 个题项）和同事支持（3 个题项）。

4.2.4　工作绩效操作性定义及测量量表

本研究的因变量为工作绩效（job performance），其定义综合考虑了陈志霞

(2006)和黎娟(2014)的观点,即工作绩效指员工在工作过程中利用自身可用资源所实现的与组织目标密切相关的结果或行为表现,包括任务绩效(task performance)、关系绩效(contextual performance)两部分内容。其中:任务绩效指角色内的强制行为,员工对组织技术核心所做出的直接生产活动;关系绩效指角色外的自愿行为,不直接参与生产活动,员工通过社会网络对人际或组织沟通起到润滑作用的行为,包括构成组织的社会、心理背景的行为(王辉,2003;陈志霞,2006)。

Borman 和 Motowidlo(1993)在 Campbell 等人研究基础上,提出了经典的任务—周边绩效二因素模型,后期通过实证分析发现任务绩效与周边绩效两个维度具有很高的信度和效度。国内学者通过实证数据验证了两个维度量表的本土化普适性(韩翼和廖剑桥,2006;李永周,2015;马丽,2016)。王辉(2003)通过实证数据对任务—周边绩效二因素模型进行了中国文化背景下的检验分析,验证了较好的信度和效度。何立(2010)利用结构方程建模和问卷调查的方法进行了高新技术企业研发人员的自我效能感与工作绩效的影响研究,验证了任务—关系绩效二因素量表很好的信度和效度。

综上考虑,员工工作绩效量表以国外 Borman 和 Motowidlo 等人(1993)任务绩效—关系绩效二因素量表和国内王辉(2003)汉化版后高质量的两因素量表为基础,借鉴了李永周(2015)、马丽(2016)和杨术(2016)等学者研究成果。杨术(2016)结合不同性质的 607 名企业员工样本进行了实证分析,在王辉(2003)的工作绩效量表题项基础上进行了删减,将任务绩效和关系绩效每个维度保留 4 个题项,得到了很好的信度和效度的支持,具体内容见表 4-4。量表共计 2 个维度 8 个题项:任务绩效(4 个题项)和关系绩效(4 个题项)。

表 4-4 员工工作绩效变量的测量量表

维度	题 项	参考依据
任务绩效	JP1-1 我可以准确的完成自己的工作目标	Borman & Motowidlo 等(1993);王辉(2003);李永周(2015);马丽(2016);杨术(2016)
	JP1-2 我总是按时完成分派给我的工作任务	
	JP1-3 我能够高质量地完成工作	
	JP1-4 我对工作时间有较高的利用率	
关系绩效	JP2-1 我愿意留在本部门继续工作	
	JP2-2 我工作格外努力	
	JP2-3 我总是能够主动帮助他人完成工作	
	JP2-4 我经常能够主动承担本职工作以外的其他工作	

4.2.5 人口统计学变量测量

本研究主要采用相关分析和分层多元回归方法进行自变量与因变量关系影响

的实证分析。考虑需要排除其他变量对因变量产生影响，因此，选取了一些变量作为控制变量。在本研究中，性别、年龄、婚姻、学历、职位、企业成立年数、企业所有制类型和行业类型等个体人口特征和组织特征被作为控制变量，以消除它们对因变量可能的影响。

4.3 小样本预测试

为了确保问卷可靠性、科学性和内部一致性，在正式调研之前先进行问卷的小样本测试，虽然经过修正和调整已经形成了预测试问卷，但量表各个维度是否准确，题项能否反映各个维度，还需要更严谨的定量方法进行检验。小样本预测试结果有助于获得精准、有效的问卷，为进一步修改和完善正式调查问卷提供帮助。

4.3.1 小样本测试的评价程序

由于在确定小样本调查问卷之前，已经通过学术团队的讨论、企业管理专业专家的修正以及行业实践管理者的调整保证了调查问卷的内容效度。因此，小样本测试的评价程序只需要进行描述性统计分析、信度分析和结构效度分析。具体如下：

（1）进行小范围调查问卷的发放，发放过程中采取相应措施尽量保证问卷回收的及时性和高效性，以及小样本数据的真实性和完整性。

（2）针对小样本调查问卷进行被试者基本信息和企业基本情况的描述性统计分析，了解小样本的整体特征情况。

（3）对问卷中所有题项进行信度分析，剔除量表中 CICT 数值小于 0.6 的题项，保证数据分析的稳定性。

（4）因子分析之前还要进行 KMO 检验和巴特利特球度检验，它是反映变量效度的重要指标，用于比较变量间简单相关系数和偏相关系数的指标。KMO 检验数值的取值范围为（0，1），数值取值越大，说明效度越高，越适合做因子分析。当 KMO 数值大于 0.7，且巴特利特球度检验的统计值显著性概率小于等于显著性水平（0.05）时，即可以进行因子分析（薛薇，2009）。

（5）对所有题项进行探索性因子分析，采用主成分分析法进行因子分析，最大方差法进行正交旋转，提取特征根大于 1 的因子，保证公因子累积的方差贡献率达到 60%以上。同时剔除因子载荷系数绝对值为 0.5 以下的题项，或某一题项横跨两个或两个以上因子载荷并因子载荷系数同时大于 0.5 的题项也不应予以保留。

4.3.2 小样本数据的搜集与选择

本研究的小样本调查从 7 月 20 日开始，至 8 月 15 日结束，历时 21 天。调查数据来源于太原、杭州和沈阳的 15 家企业，为避免同源偏差，每家企业最多发放 15 份问卷，全部采用纸质问卷形式填写。调查问卷中一部分是作者通过家人和朋友联系后去其企业内部亲自发放，在发放之前针对调查问卷的目的、问卷填写真实性的意义以及问卷内容上的各种事项与被试者进行了充分沟通与交流，从而保证问卷的真实有效性；另一部分委托家人和朋友在其企业内部代为发放，发放之前同样将所有注意事项进行充分沟通，并叮嘱受托人告知被试者。此外，为保证问卷的回收质量和数量，引起被试者的重视和关注，激发被试者填写热情，所有填写调查问卷的被试者均会免费得到一份小礼品作为感谢。

本次小样本调查共发放问卷200份，回收问卷191份，回收率为95.5%。随后进行有效问卷的筛选，基本原则是：（1）至少5个题项的答案有缺失值；（2）方向题的答案与其他题目前后矛盾；（3）单选题项的问题出现多选答案；（4）题项答案中选择“不确定”的选项过多；（5）题项答案全部一样或大面积一样，出现以上情况之一时该问卷往往被视为无效问卷。小样本调查中共剔除无效问卷11份，最终得到有效问卷180份，有效问卷率为90%，能够较好地满足研究需要。

4.3.3 小样本的描述性统计分析

描述性统计分析主要指对被试者基本信息进行的统计和描述，一般把它作为数据统计与实证分析的首要步骤。本研究的企业基本信息包括：企业成立年数、企业所有制类型和企业所属行业；被试者的基本信息包括：性别、年龄、婚姻、学历、工作年限和职位。具体统计情况见表4-5。

表4-5 小样本测试被试人员人口统计学变量统计分析表（$N=180$）

人口统计学变量	变量类别	人数	百分比/%
性别	（1）男	102	56.7
	（2）女	78	43.3
年龄	（1）25岁以下	19	10.6
	（2）25~35岁	104	57.8
	（3）36~45岁	47	26.0
	（4）45岁以上	10	5.6
婚姻	（1）已婚	126	70.0
	（2）未婚	52	28.9
	（3）其他	2	1.1
学历	（1）高中（中专）	17	9.4
	（2）高职（大专）	50	27.8
	（3）本科	83	46.1
	（4）硕士及其以上	30	16.7
工作年限	（1）1~3年	44	24.4
	（2）4~6年	54	30.0
	（3）7~9年	30	16.7
	（4）10年以上	52	28.9

续表 4-5

人口统计学变量	变量类别	人数	百分比/%
职位	(1) 普通行政员工	29	16.1
	(2) 技术型员工	117	65.0
	(3) 基层管理者	22	12.2
	(4) 中层管理者	12	6.7
企业所属行业	(1) 钢铁和机械制造业	60	33.3
	(2) 建筑和房地产行业	60	33.3
	(3) 医疗化工行业	30	16.7
	(4) 商业服务业	30	16.7
企业所有制类型	(1) 国有及国有控股企业	75	41.7
	(2) 民营及民营控股企业	75	41.7
	(3) 外资控股企业	30	16.6
企业成立年数	(1) 7~9 年	75	41.7
	(2) 10 年以上	105	58.3

企业基本信息方面：对于企业所属行业分类，我们借鉴了陈志霞（2006）行业分类标准，将所属行业细分为 8 个类别，从 180 个有效样本中可见，小样本以重工业行业分布为主（钢铁和机械制造业、建筑和房地产行业），共计 120 个，占到总数的 66.6%。从企业的所有制类型来看，小样本以国有和民营控股企业为主，共计 150 个，占到总数的 83.4%。从企业成立年限来看，小样本的企业以成熟企业为主，10 年以上的企业共计 105 个，占到总数的 58.3%。

被试者基本信息方面：180 个有效样本中，女性为 78 人，占总数的 43.3%，男性为 102 人，占总数的 56.7%；根据年龄差异来看，25~35 岁之间的人数较多，共 104 人，占总数的 57.8%，45 岁以上的人数较少，共 10 人，占总数的 5.6%；根据婚姻状况来看，已婚人数较多共有 126 人，占到总数的 70%；从学历的分布来看，本科和高职（大专）的人数较多，分别为 83 人和 50 人，占到总数的 46.1%和 27.8%，说明大部分被试者接受过高等教育，能够较好的理解本问卷的调研内容；从工作的职位特征来看，技术型员工的分布较多共有 117 人，占到总数的 65%，说明小样本中的大部分被试者都是企业的一线员工；从工作年限来看，各个时间段的分布比较均匀，以 4~6 年的时间段居多，占到总数的 30%，说明被试者对企业运营、管理及基本情况有更深入的了解。总体来说，小样本的测试结果保障了预测问卷的有效性和科学性。

4.3.4 小样本数据的信度和效度分析

4.3.4.1 出勤主义行为量表的信度和效度分析

A 信度分析

小样本数据测试中出勤主义行为量表共有 6 条题项，分析结果汇总见表 4-6。

在表中，各题项 CICT 值在 0.760~0.900 之间，均大于 0.6 的可接受标准，满足信度要求。此外，整体量表的 Cronbach’s Alpha 值为 0.944，说明信度很好。因此不存在删除某一题项后，Cronbach’s Alpha 数值增大的情况。说明问卷题项不应该做删除处理，量表具备较高的信度，数据分析稳定性得以保证。

表 4-6 出勤主义行为量表信度分析表

测量维度	题项编号	修正后的项与总计相关性	删除项后的 Cronbach’s Alpha 值	量表的 Cronbach’s Alpha 值
出勤主义行为	PS1	0.844	0.932	0.944
	PS2	0.900	0.925	
	PS3	0.851	0.931	
	PS4	0.826	0.934	
	PS5	0.800	0.937	
	PS6	0.760	0.941	

B 探索性因子分析

首先，检验出勤主义行为量表做因子分析的适用性。如表 4-7 数据结果所示，KMO 值达到 0.918，大于 0.7，Bartlett 的球形度检验值的方差近似值为 976.548，自由度 df 值为 15，显著性为 0.000，小于 0.05，表明问卷结构适合进行因子分析。

表 4-7 出勤主义行为的 KMO 和 Bartlett 球形度检验

取样足够度的 Kaiser-Meyer-Olkin 度量		0.918
Bartlett 的球形度检验	近似卡方	976.548
	df	15
	Sig.	0.000

其次，采用主成分分析法进行因子分析，最大方差法进行正交旋转，提取特征根大于 1 的因子，共有 1 个被识别出来，与预期结果一致。分析结果如表 4-8 和表 4-9 所示，因子的方差贡献率达到 78.15%，大于 60%，说明出勤主义行为的公因子能够较好的代表出勤主义行为的基本情况。此外，旋转后的因子矩阵表将 6 个题项归为 1 类，取消绝对值为 0.5 以下的系数后，得到出勤主义行为的因子载荷均在 0.8 以上，应保留所有题项，说明量表总体结构效度良好，可以开展后续分析。

表 4-8 出勤主义行为量表因子分析的总方差解释表

成分	初始特征值			提取平方和载入			旋转平方和载入		
	合计	方差/%	累计/%	合计	方差/%	累计/%	合计	方差/%	累计/%
1	4.689	78.15	78.15	4.689	78.15	78.15			

表 4-9　出勤主义行为量表正交旋转后的因子载荷矩阵

因子	题　项	因子载荷
		1
出勤主义行为	PS1 在过去的 1 个月里，因为健康原因，我的工作压力更加难以调节了	0.894
	PS2 在过去的 1 个月里，因为健康原因，我没法完成工作中难度大的任务	0.934
	PS3 在过去的 1 个月里，尽管健康方面有问题，我仍然能集中精神完成工作	0.900
	PS4 在过去的 1 个月里，因为健康原因，我觉得根本不可能开展某些工作任务	0.881
	PS5 在过去的 1 个月里，因为健康原因，让我不能从工作中得到乐趣	0.862
	PS6 在过去的 1 个月里，尽管健康方面有问题，我仍然觉得精力充沛，可以完成所有工作	0.830

4.3.4.2　工作投入量表的信度和效度分析

A　信度分析

小样本工作投入量表共有 9 条题项，分析结果汇总如表 4-10 所示。各题项 CICT 值在 0.638~0.841 之间，均大于 0.6 的可接受标准，满足信度要求。此外，三个维度的 Cronbach's Alpha 值分别为 0.913、0.907 和 0.822，均大于 0.8，说明信度较好。因此不存在删除某一题项后，Cronbach's Alpha 数值增大的情况，说明问卷题项不应该做删除处理，量表具备较好的信度，数据分析稳定性得以保证。

表 4-10　工作投入量表信度分析表

测量维度	题项编号	修正后的项与总计相关性	删除项后的 Cronbach's Alpha 值	各维度的 Cronbach's Alpha 值
活力	WE1-1	0.813	0.886	0.913
	WE1-2	0.841	0.863	
	WE1-3	0.827	0.873	
奉献	WE2-1	0.807	0.871	0.907
	WE2-2	0.836	0.849	
	WE2-3	0.803	0.876	
专注	WE3-1	0.717	0.712	0.822
	WE3-2	0.684	0.753	
	WE3-3	0.638	0.797	

B　探索性因子分析

首先，检验工作投入量表做因子分析的适应性。如表 4-11 数据结果所示，KMO 值达到 0.924，大于 0.7，Bartlett 的球形度检验值的方差近似值为

1296.241，自由度df值为36，显著性为0.000，小于0.05，表明问卷结构适合进行因子分析。

表4-11　工作投入量表的KMO和Bartlett球形度检验

取样足够度的 Kaiser-Meyer-Olkin 度量		0.924
Bartlett 的球形度检验	近似卡方	1296.241
	df	36
	Sig.	0.000

其次，采用主成分分析法进行因子分析，最大方差法进行正交旋转，提取特征根大于1的因子。结果如表4-12所示，旋转后的平方和载入中工作投入一共有3个特征根大于1，因此提取3个公因子，共同解释了83.025%的总体变异量，大于60%的临界值，说明工作投入的公因子具有很好的代表性。

表4-12　工作投入量表因子分析的总方差解释表

成分	初始特征值			提取平方和载入			旋转平方和载入		
	合计	方差/%	累计/%	合计	方差/%	累计/%	合计	方差/%	累计/%
1	4.385	42.615	67.615	4.385	42.615	67.615	2.868	31.867	31.867
2	1.970	21.556	76.172	1.970	21.556	76.172	2.595	28.83	60.697
3	1.117	18.853	83.025	1.117	18.853	83.025	2.009	22.328	83.025

分析结果如表4-13所示，取消绝对值为0.5以下的系数后，得到工作投入题项WE1-1～WE1-3旋转后的因子载荷值分别是0.745、0.857和0.851，均大于0.5，落在了公因子1上，命名为“活力”；题项WE2-1～WE2-3旋转后的因子载荷分别是0.854、0.757和0.745，均大于0.5，落在了公因子2上，命名为“奉献”；题项WE3-1～WE3-3旋转后的因子载荷分别是0.770、0.859和0.560，均大于0.5，落在了公因子3上，命名为“专注”，应保留所有题项。通过因子分析提取的3个公因子，与之前研究设计基本一致，说明量表具备较高的结构效度。

表4-13　工作投入量表正交旋转后的因子载荷矩阵

因子	题　项	因子载荷		
		1	2	3
活力	WE1-1 工作时，我觉得干劲十足	0.745		
	WE1-2 早上起床时，我很乐意去上班	0.857		
	WE1-3 工作时，我感到精力充沛	0.851		
奉献	WE2-1 我为自己所从事的工作感到骄傲		0.854	
	WE2-2 我所做的工作能够激励我		0.757	
	WE2-3 我对自己的工作非常热衷		0.745	

续表 4-13

因子	题　项	因子载荷		
		1	2	3
专注	WE3-1 当我工作时，我满脑子就只有工作			0.770
	WE3-2 当我工作时，时间总是不知不觉就过去了			0.859
	WE3-3 当我全身心投入工作时，我感到快乐			0.560

4.3.4.3　感知组织支持量表的信度和效度分析

A　信度分析

小样本感知组织支持量表共有 8 条题项，分析结果汇总如表 4-14 所示。在表中，各题项 CICT 值在 0.677~0.849 之间，均大于 0.6 的可接受标准，满足信度要求。此外，两个维度的 Cronbach's Alpha 值分别为 0.909 和 0.884，均大于 0.8，说明信度很好。因此不存在删除某一题项后，Cronbach's Alpha 数值增大的情况，说明问卷题项不应该做删除处理，量表具备很好的信度，数据分析稳定性得以保证。

表 4-14　感知组织支持量表信度分析表

测量维度	题项编号	修正后的项与总计相关性	删除项后的 Cronbach's Alpha 值	量表的 Cronbach's Alpha 值
上级支持	SS1-1	0.797	0.883	0.909
	SS1-2	0.849	0.872	
	SS1-3	0.776	0.889	
	SS1-4	0.759	0.891	
	SS1-5	0.677	0.907	
同事支持	SS2-1	0.813	0.799	0.884
	SS2-2	0.737	0.867	
	SS2-3	0.774	0.836	

B　探索性因子分析

首先，检验感知组织支持量表做因子分析的适应性。如表 4-15 数据结果所示，KMO 值达到 0.863，大于 0.7，Bartlett 的球形度检验值的方差近似值为 1052.742，自由度 df 值为 28，显著性为 0.000，小于 0.05，表明问卷结构适合进行因子分析。

其次，采用主成分分析法进行因子分析，最大方差法进行正交旋转，提取特征根大于 1 的因子。分析结果如表 4-16 所示，旋转后的平方和载入中感知组织支持一共有 2 个特征根大于 1，因此能提取 2 个公因子，因子的方差贡献率达到 75.110%，大于 60%，说明感知组织支持的公因子能够较好的代表感知组织支持量表基本情况。

表 4-15 感知组织支持量表的 KMO 和 Bartlett 球形度检验

取样足够度的 Kaiser-Meyer-Olkin 度量		0.863
Bartlett 的球形度检验	近似卡方	1052.742
	df	28
	Sig.	0.000

表 4-16 感知组织支持量表因子分析的总方差解释表

成分	初始特征值			提取平方和载入			旋转平方和载入		
	合计	方差/%	累计/%	合计	方差/%	累计/%	合计	方差/%	累计/%
1	6.201	62.011	62.011	6.201	62.011	62.011	4.323	43.231	43.231
2	1.310	13.099	75.110	1.310	13.099	75.110	3.188	31.879	75.110

分析结果如表 4-17 所示，取消绝对值为 0.5 以下的系数后，得到感知组织支持量表中题项 SS1-1～SS1-4 旋转后的因子载荷值分别是 0.855、0.906、0.886 和 0.709，均大于 0.5，落在了公因子 1 上，命名为“上级支持”；题项 SS2-1～SS1-3 旋转后的因子载荷分别是 0.884、0.863 和 0.835，均大于 0.5，落在了公因子 2 上，命名为“同事支持”。但其中 SS1-5 题项“领导愿意倾听我工作中遇到的问题”在因子 1 和因子 2 上的载荷值分别为 0.588 和 0.557，均大于 0.5，属于横跨因子，应予以剔除。通过因子分析提取的 2 个公因子，与之前研究设计基本一致，说明量表总体来说具备较高的结构效度。

表 4-17 感知组织支持量表正交旋转后的因子载荷矩阵

因子	题　项	因子载荷	
		1	2
上级支持	SS1-1 单位的制度保障了我获得工作必需的培训	0.855	
	SS1-2 单位制度为我的学习进修提供资助	0.906	
	SS1-3 领导会为我的学习进修提供便利	0.886	
	SS1-4 领导对于人员配备和工作量的匹配能够做出合理安排	0.709	
	SS1-5 领导愿意倾听我工作中遇到的问题	0.588	0.557
同事支持	SS2-1 团队成员愿意帮助我解决工作中遇到的问题		0.884
	SS2-2 工作中团队成员和我配合默契		0.863
	SS2-3 团队成员为我的工作提出意见和建议		0.835

4.3.4.4 员工工作绩效量表的信度和效度分析

A 信度分析

小样本员工工作绩效量表共有8条题项，分析结果汇总如表4-18所示。在表中，各题项CICT值在0.657~0.756之间，均大于0.6的可接受标准，满足信度要求。此外，两个维度的Cronbach's Alpha值分别为0.884和0.857，均大于0.8，说明信度很好。因此不存在删除某一题项后，Cronbach's Alpha数值增大的情况，说明问卷题项不应该做删除处理，量表具备很好的信度，数据分析稳定性得以保证。

表4-18 工作绩效量表信度分析表

测量维度	题项编号	修正后的项与总计相关性	删除项后的 Cronbach's Alpha 值	各维度的 Cronbach's Alpha 值
任务绩效	JP1-1	0.745	0.851	0.884
	JP1-2	0.756	0.847	
	JP1-3	0.750	0.850	
	JP1-4	0.737	0.854	
关系绩效	JP2-1	0.657	0.837	0.857
	JP2-2	0.734	0.804	
	JP2-3	0.726	0.808	
	JP2-4	0.689	0.823	

B 探索性因子分析

首先，检验员工工作绩效量表做因子分析的适应性。如表4-19数据结果所示，KMO值达到0.895，大于0.7，Bartlett的球形度检验值的方差近似值为854.707，自由度df值为28，显著性为0.000，小于0.05，表明问卷结构适合进行因子分析。

表4-19 工作绩效量表的KMO和Bartlett球形度检验

取样足够度的 Kaiser-Meyer-Olkin 度量		0.895
Bartlett 的球形度检验	近似卡方	854.707
	df	28
	Sig.	0.000

其次，采用主成分分析法进行因子分析，最大方差法进行正交旋转，提取特征根大于1的因子。如表4-20所示，旋转后的平方和载入中员工工作绩效一共有2个特征根大于1，因此能提取2个公因子，共同解释了73.079%的总体变异

量，大于60%的临界值，说明员工工作绩效的公因子具有很好的代表性。

表 4-20 工作绩效量表因子分析的总方差解释表

成分	初始特征值			提取平方和载入			旋转平方和载入		
	合计	方差/%	累计/%	合计	方差/%	累计/%	合计	方差/%	累计/%
1	4.8	57.245	57.245	4.8	57.245	57.245	3.089	38.614	38.614
2	1.042	15.778	73.023	1.042	15.778	73.023	2.753	34.409	73.023

分析结果见表4-21，取消绝对值为0.5以下的系数后，得到员工工作绩效题项JP1-1~JP1-4旋转后的因子载荷值分别是0.744、0.851、0.797和0.810，均大于0.5，落在了公因子1上，命名为“任务绩效”；题项JP2-1~JP2-4旋转后的因子载荷分别是0.674、0.680、0.847和0.845，均大于0.5，落在了公因子2上，命名为“关系绩效”。通过因子分析提取的2个公因子，与之前研究设计基本一致，说明量表具备较高的结构效度。

表 4-21 工作绩效变量正交旋转后的因子载荷矩阵

因子	题项	因子载荷	
		1	2
任务绩效	JP1-1 我可以准确的完成自己的工作目标	0.744	
	JP1-2 我总是按时完成分派给我的工作任务	0.851	
	JP1-3 我能够高质量地完成工作	0.797	
	JP1-4 我对工作时间有较高的利用率	0.810	
关系绩效	JP2-1 我愿意留在本部门继续工作		0.674
	JP2-2 我工作格外努力		0.680
	JP2-3 我总是能够主动帮助他人完成工作		0.847
	JP2-4 我经常能够主动承担本职工作以外的其他工作		0.845

4.4 本章小结

经过查阅大量国内外文献，确定本研究设计中的出勤主义行为、感知组织支持、工作投入和工作绩效变量的测量量表均来自已有的成熟量表。为提高问卷设计的科学性与完整性，本研究参考了学术团队、企业管理专业的专家以及行业管理者的建议，进行了认真反复的问卷调整与修正，选取了3个城市15家企业180名员工作为被试对象。经过科学严谨的小样本调查问卷发放与整理过程，进行信度和效度检验对所有测量条目净化筛选调整后，共删除了感知组织支持量表1个条目（SS1-5），最终形成的正式调查问卷共分为五大部分。包含4个研究变量；8个维度；30个题项；9个人口统计学变量，具体内容如下：

第一部分：工作绩效部分。包括 2 个维度 8 个题项——任务绩效（4 个题项）和关系绩效（4 个题项）。

第二部分：工作投入部分。包括 3 个维度 9 个题项——活力（3 个题项）、奉献（3 个题项）和专注（3 个题项）。

第三部分：感知组织支持部分。包括 2 个维度 7 个题项——上级支持（4 个题项）和同事支持（3 个题项）。

第四部分：出勤主义行为部分。包括 1 个维度 6 个题项。

第五部分：人口统计学部分。其中被试者信息有 6 项（性别、年龄、婚姻状况、学历、职位、工作年限）；企业信息有 3 项（企业成立年数、企业所有制类型、企业所属行业）。

第 5 章 大样本实证研究

依据第 4 章小样本预测试后确定的正式调查问卷，本章将进行大范围调查问卷发放与搜集，运用科学严谨的实证分析方法，完成全部回收问卷的数据处理与分析，探讨出勤主义行为、感知组织支持、工作投入和员工工作绩效之间的关系，对研究模型以及研究假设进行验证分析。

5.1 数据来源

本研究重点关注出勤主义行为、感知组织支持、工作投入和员工工作绩效等变量之间关系，上述变量及相关理论均发展于企业管理的过程中，因此研究对象均选自企业员工。

首先，调查对象力求多样化。考虑到跨行业、跨地域的调查分析能够提升研究结论的广泛性和稳定性（Alegre & Chiva，2008），此次调查问卷的发放扩大了研究企业的行业种类以及地域范围。行业种类从小样本的钢铁和机械制造业、建筑和房地产行业、商业服务业增加了电子信息高科技行业、农林牧渔业和科教体育卫生行业等；地域种类从小样本的太原、杭州和沈阳 3 个城市，增加了北京、上海、武汉、佛山、长春和大连等 6 个城市，完成了样本从行业和地域上的多样性。同时，样本尽最大可能涵盖了各种类型的企业人员，员工性别、年龄、学历、工作类型以及工作职位等方面也力求多样化。

其次，回收问卷力求高质量。由于本次调查问卷发放数量较大，涉及企业的地域范围较广且分散，回收时间比较紧迫，因此调查问卷的发放方式采用纸质问卷和电子问卷两种。

纸质问卷中一部分是作者通过家人、同学和朋友的联系，亲自到企业参与调查问卷发放，发放前对调查问卷的目的以及填写过程中的注意事项与被试者进行充分的沟通，强调问卷质量的重要性。同时在调查问卷的填写过程中针对出现的问题给予及时的解答和反馈，纸质问卷填写完毕后立即回收，提高了问卷回收的速度和质量。另一部分是在与家人、同学和朋友充分沟通的前提下，委托他们在其企业中发放纸质问卷，并叮嘱在被试者填写之前一定要告知调查问卷的目的、填写注意事项以及问卷质量的重要性，被试者填写过程中遇到问题可以通过电话或视频的方式给予及时的解决。问卷填写回收后委托人会给予及时的检查并统一邮寄给作者，以此来保证问卷的回收质量和效果。为引起被试者的重视和关注，激发被试者的填写热情，所有填写纸质调查问卷的被试者均会免费得到一份小礼品作为感谢。

电子版调查问卷全部通过朋友以及已经处于工作岗位一年以上的学生发放，采取自愿原则以及点对点的方式来完成电子问卷的填写工作。与纸质版问卷相同，在完成调查问卷的填写工作之前，务必告知调查问卷的目的、填写注意事项以及问卷质量的重要性，以引起被试者的注意和重视。电子版调查问卷的优势在于发放比较方便，不受地域的限制，发放成本较低，被试者有足够的填写时间来完成问卷内容。劣势在于受填写形式的影响，无法及时观察被试者的填写状况，但针对填写过程中遇到的问题也可以通过网络以及电话的方式给予及时的解决与沟通。所有填写电子版调查问卷的被试者均会得到一定金额的微信红包作为感谢，以保证调查数据的真实可靠。

本次研究的大样本数据调查从2018年8月30日开始，至10月30日结束，历时63天，相关内容整理如表5-1所示。共发放调查问卷670份，其中纸质问卷550份，占总数的82.1%，电子问卷120份，占总数的17.9%。在回收的591份问卷中，纸质问卷回收数量为489份，回收率为88.9%，电子问卷回收102份，回收率为85%，整体回收率为88.2%，可见纸质问卷与电子问卷的回收效果均较好。经过严格的筛选最终得到有效问卷486份，其中纸质问卷的有效率为73.3%，电子问卷的有效率略低于纸质问卷的回收率，占比为69.2%，整体问卷的有效率为72.5%，说明被试者在填写纸质问卷过程中认真程度以及准确程度较高。相对于纸质问卷，电子问卷由于采用网络或手机的形式填写，被试者专注程度容易受到周围环境的影响，出现着急不认真的状况，尤其对于反向题项的填写会出现前后答案矛盾的问题，错误率较高，问题较多。但从总体来看，整个大样本的调查问卷数据的质量较高，能够较好地满足后续实证分析的需要。

表5-1 调查问卷的发放与回收情况

问卷发放方式	发放数量/份	回收数量/份	回收率/%	有效数量/份	有效率/%
纸质问卷	550	489	88.9	403	73.3
电子问卷	120	102	85	83	69.2
合计	670	591	88.2	486	72.5

大样本调查问卷的筛选原则如下：（1）至少5个题项的答案有缺失值；（2）方向题的答案与其他题目前后矛盾；（3）单选题项的问题出现多选答案；（4）题项答案中选择“不确定”的选项过多；（5）题项答案全部一样或大面积一样，当出现以上情况之一时将该问卷视为无效问卷。

5.2 描述性统计

大样本描述性统计分析主要针对样本的基本信息和变量的分布情况进行统计

和描述。样本的基本信息是指企业基本信息以及被试者的基本信息；变量的分布情况主要指数据的正态部分程度。

5.2.1 样本描述性统计

在样本的描述性统计分析里，企业基本信息通常指企业成立年数、企业所有制类型和企业所属行业；被试者的基本信息通常指性别、年龄、婚姻、学历、工作年限和职位。本次大样本调查的样本描述性统计分析结果见表5-2。

表5-2 小样本测试被试人员人口统计学变量统计分析表（N=486）

人口统计学变量	变量类别	人数	百分比/%
性别	（1）男	291	59.9
	（2）女	195	40.1
年龄	（1）25岁以下	110	22.6
	（2）25~35岁	212	43.6
	（3）36~45岁	119	24.5
	（4）45岁以上	45	9.3
婚姻	（1）已婚	309	63.6
	（2）未婚	172	35.4
	（3）其他	5	1.0
学历	（1）初中及以下	7	1.4
	（2）高中（中专）	37	7.6
	（3）高职（大专）	135	27.8
	（4）本科	248	51.0
	（5）硕士及其以上	59	12.1
工作年限	(1) 1~3年	195	40.1
	（2）4~6年	108	22.2
	（3）7~9年	60	12.3
	（4）10年以上	123	25.3
职位	（1）普通行政员工	133	27.4
	（2）技术型员工	225	46.3
	（3）基层管理者	74	15.2
	（4）中层管理者	49	10.1
	（5）高层管理者	5	1.0
企业所属行业	（1）电子信息高科技企业	16	3.3
	（2）钢铁和机械制造业	67	13.8
	（3）农林牧渔业	3	0.6
	（4）建筑和房地产行业	158	32.5
	（5）医疗化工行业	103	21.2
	（6）商业服务业	96	19.8
	（7）科教体育卫生行业	32	6.6
	（8）其他	11	2.3

续表 5-2

人口统计学变量	变 量 类 别	人数	百分比/%
企业所有制类型	（1）国有及国有控股企业	185	38.1
	（2）民营及民营控股企业	189	38.9
	（3）中外合资企业	10	2.1
	（4）外资控股企业	102	21.0
企业成立年数	（1）1~3 年	29	6.0
	（2）4~6 年	15	3.1
	（3）7~9 年	113	23.3
	（4）10 年以上	329	67.7

根据被试者性别分布情况可知：男性为 291 人，占总人数的 59.9%；女性为 195 人，占总人数的 40.1%。总体来看，男女比例基本平均，大样本调查问卷基本能够反映性别对于结果的影响。

根据被试者年龄分布情况可知：25 岁以下为 110 人，占总人数的 22.6%；26~35 岁为 212 人，占总人数的 43.6%；36~45 岁为 119 人，占总人数的 24.5%；45 岁以上为 45 人，占总人数的 9.3%。总体来看，大样本的调查对象以中青年为主。

根据被试者婚姻分布情况可知：已婚人数为 309 人，占总人数的 63.6%；未婚人数为 172，占总人数的 35.4%。由于被试者的年龄以中青年为主，因此已婚人数较未婚人数多，这也符合整个调查的实际情况。

根据被试者学历分布情况可知：初中及以下为 7 人，占总人数的 1.4%；高中（中专）为 37 人，占总人数的 7.6%；高职（大专）为 135 人，占总人数的 27.8%；本科人数为 248 人，占总人数的 51%；硕士及以上为 59 人，占总人数的 12.1%。总体来看，被试者的教育水平比较高，高职及以上学历的人数占总人数的 90.9%。调查对象的教育水平能够从一定程度上影响其看待问题的态度与看法，能够更好地理解调查问卷的题项内容，填写的过程会更认真和仔细，从而提高问卷的综合质量，保证研究结论的有效性和真实性。

根据被试者工作年限分布情况可知：工作 1~3 年的人数为 195 人，占总人数的 40.1%；工作 4~6 年的人数为 108 人，占总人数的 22.2%；工作 7~9 年的人数为 60 人，占总人数的 12.3%；工作 10 年以上的人数为 123 人，占总人数的 25.3%。总体来看，被试者在企业的工作时间比较长，对于企业的管理、运营及基本情况有更深入的掌握和理解，对于调查问卷的填写也更容易，因此问题答案的反馈更能够贴近企业的真实情况。

根据被试者工作职位分布情况可知：普通行政员工为 133 人，占总人数的 27.4%；技术型员工为 225 人，占总人数的 46.3%；基层管理者 74 人，占总人数的15.2%；中层管理者为49人，占总人数的10.1%；高层管理者为5人，占总人数的1%。从大样本调查问卷的数据来看，被试者工作职位以普通基层员工为主。通常在企业组织中，基层员工占据的比重相对较高，他们对企业的发展有着来自基层的体会与经验，他们的感受和体会更应该值得重视和思考。

根据被试者企业所属行业分布情况可知：就大样本而言，比较小样本所属行业更广泛，其中以建筑和房地产行业、医疗化工行业、商业服务业、钢铁和机械制造业为主，人数分别为158人、103人、96人和67人，分别占总人数的32.5%、21.2%、19.8%和13.8%。由此可见，大样本抽样调查具有一定的多样性。

根据被试者企业所有制类型分布情况可知：国有及国有控股企业、民营及民营控股企业比重相当，人数分别为185人和189人，分别占总人数比重的38.1%和38.9%，外资控股企业人数略少些为102人，占总人数比重的21%。

根据被试者企业成立年数分布情况可知：企业成立1~3年的为29人，占总人数比重的6%；企业成立年数4~6年的为15人，占总数的3.1%；企业成立7~9年的为113人，占总数比重的23.3%；以企业成立年数10年以上的人数为主，达到329人，占总人数比重的67.7%。

5.2.2 变量描述性统计

在数据进入下一步的实证分析之前，需要进行各变量测量题项的描述性统计分析，包括测量题项的均值、标准差、偏度和峰度等指标，进而掌握数据的正态分布程度。当各题项基本服从正态分布后，才能满足后续实证分析的要求。一般认为，当峰度的绝对值小于10，同时偏度绝对值小于3时，说明样本数据基本服从正态分布（Kline，1998；卢纹岱，2010）。

从本研究测量题项的描述性统计结果来看（见表5-3），所有题项的峰度绝对值全部小于10，同时偏度绝对值全部小于3，因此可以认定本研究的大样本调查数据基本服从正态分布，满足进行下一步实证分析的条件。

表5-3 大样本各变量题项的描述性统计分析

因素	题项	均值	标准差	偏度		峰度	
		统计量	统计量	统计量	标准误差	统计量	标准误差
出勤主义行为	PS1	2.61	1.182	0.238	0.111	-0.752	0.221
	PS2	2.47	1.275	0.397	0.111	-0.996	0.221
	PS3	2.74	1.159	0.334	0.111	-0.663	0.221
	PS4	2.47	1.288	0.416	0.111	-0.915	0.221
	PS5	2.62	1.254	0.261	0.111	-0.866	0.221
	PS6	2.73	1.146	0.203	0.111	-0.700	0.221

续表 5-3

因素	题项	均值	标准差	偏　度		峰　度	
		统计量	统计量	统计量	标准误差	统计量	标准误差
活力	WE1-1	3. 88	0. 960	−0. 742	0. 111	0. 402	0. 221
	WE1-2	3. 65	1. 124	−0. 666	0. 111	−0. 117	0. 221
	WE1-3	3. 79	0. 999	−0. 671	0. 111	0. 280	0. 221
奉献	WE2-1	3. 87	1. 011	−0. 697	0. 111	0. 114	0. 221
	WE2-2	3. 79	1. 015	−0. 589	0. 111	−0. 059	0. 221
	WE2-3	3. 91	0. 979	−0. 793	0. 111	0. 417	0. 221
专注	WE3-1	3. 88	1. 001	−0. 795	0. 111	0. 374	0. 221
	WE3-2	4. 26	0. 890	−1. 405	0. 111	2. 181	0. 221
	WE3-3	4. 03	0. 988	−0. 869	0. 111	0. 349	0. 221
上级支持	SS1-1	3. 53	1. 135	−0. 384	0. 111	−0. 569	0. 221
	SS1-2	3. 42	1. 129	−0. 347	0. 111	−0. 521	0. 221
	SS1-3	3. 22	1. 215	−0. 262	0. 111	−0. 753	0. 221
	SS1-4	3. 57	1. 126	−0. 577	0. 111	−0. 213	0. 221
同事支持	SS2-1	3. 98	0. 941	−0. 801	0. 111	0. 362	0. 221
	SS2-2	4. 01	0. 863	−0. 763	0. 111	0. 564	0. 221
	SS2-3	3. 98	0. 933	−0. 863	0. 111	0. 617	0. 221
任务绩效	JP1-1	4. 23	0. 943	−1. 639	0. 111	3. 003	0. 221
	JP1-2	4. 27	0. 938	−1. 624	0. 111	2. 855	0. 221
	JP1-3	4. 18	0. 896	−1. 378	0. 111	2. 462	0. 221
	JP1-4	4. 08	0. 976	−1. 124	0. 111	1. 145	0. 221
关系绩效	JP2-1	4. 09	1. 114	−1. 195	0. 111	0. 774	0. 221
	JP2-2	4. 19	0. 969	−1. 279	0. 111	1. 477	0. 221
	JP2-3	3. 96	0. 990	−0. 950	0. 111	0. 785	0. 221
	JP2-4	3. 87	1. 011	−0. 883	0. 111	0. 577	0. 221

5. 3　信度与效度分析

5. 3. 1　信度分析

Cronbach's Alpha 值是检验量表信度的重要指标之一，应该介于 0~1 之间，数值越接近于 1，代表信度越好，在 0. 6 以下的则应该放弃（吴明隆，2009）。本文采用 SPSS20. 0 统计分析软件对 Cronbach's Alpha 值 0. 6 为标准进行测量题项的信度检验。

5.3.1.1 出勤主义行为量表信度分析

大样本数据测试中出勤主义行为量表共有 6 条题项，分析结果汇总见表 5-4。在表中，各题项 CICT 值在 0.830~0.895 之间，均大于 0.6 的可接受标准，满足信度要求。此外，整体量表的 Cronbach's Alpha 值为 0.951，说明信度很好。因此，删除某一题项后不会使得 Cronbach's Alpha 数值增大，该量表具备较高的信度，题项不需要做删除处理。

表 5-4 出勤主义行为量表信度分析

测量维度	题项编号	修正后的项与总计相关性	删除项后的 Cronbach's Alpha 值	量表的 Cronbach's Alpha 值
出勤主义行为	PS1	0.847	0.946	0.954
	PS2	0.895	0.940	
	PS3	0.868	0.944	
	PS4	0.857	0.945	
	PS5	0.840	0.947	
	PS6	0.830	0.948	

5.3.1.2 工作投入量表信度分析

工作投入量表共有 9 条题项，分析结果汇总见表 5-5。在表中，各题项 CICT 值在 0.616~0.842 之间，均大于 0.6 的可接受标准，满足信度要求。此外，三个维度的 Cronbach's Alpha 值分别为 0.903、0.919 和 0.794，均大于 0.6，说明信度较好。因此，删除某一题项后不会使得 Cronbach's Alpha 数值增大，该量表具备较高的信度，题项不需要做删除处理。

表 5-5 工作投入量表信度分析表

测量维度	题项编号	修正后的项与总计相关性	删除项后的 Cronbach's Alpha 值	各维度的 Cronbach's Alpha 值
活力	WE1-1	0.794	0.876	0.903
	WE1-2	0.822	0.855	
	WE1-3	0.820	0.852	
奉献	WE2-1	0.836	0.884	0.919
	WE2-2	0.842	0.879	
	WE2-3	0.831	0.888	
专注	WE3-1	0.652	0.705	0.794
	WE3-2	0.648	0.713	
	WE3-3	0.616	0.744	

5.3.1.3　感知组织支持量表信度分析

感知组织支持量表共有7条题项，分析结果汇总见表5-6。表中各题项CICT值在0.678~0.850之间，均大于0.6的可接受标准，满足信度要求。此外，两个维度的Cronbach's Alpha值分别为0.906和0.886，均大于0.8，说明信度很好。因此，删除某一题项后不会使得Cronbach's Alpha数值增大，该量表具备较高的信度，题项不需要做删除处理。

表5-6　感知组织支持量表信度分析表

测量维度	题项编号	修正后的项与总计相关性	删除项后的Cronbach's Alpha值	量表的Cronbach's Alpha值
上级支持	SS1-1	0.775	0.872	0.906
	SS1-2	0.850	0.845	
	SS1-3	0.812	0.858	
	SS1-4	0.678	0.905	
同事支持	SS2-1	0.801	0.817	0.886
	SS2-2	0.767	0.849	
	SS2-3	0.768	0.846	

5.3.1.4　员工工作绩效量表信度分析

员工工作绩效量表共有8条题项，分析结果汇总见表5-7。表中各题项CICT值在0.609~0.796之间，均大于0.6的可接受标准，满足信度要求。此外，两个维度的Cronbach's Alpha值分别为0.900和0.831，均大于0.8，说明信度很好。因此，删除某一题项后不会使得Cronbach's Alpha数值增大，该量表具备较高的信度，题项不需要做删除处理。

表5-7　工作绩效量表信度分析表

测量维度	题项编号	修正后的项与总计相关性	删除项后的Cronbach's Alpha值	各维度的Cronbach's Alpha值
任务绩效	JP1-1	0.775	0.871	0.900
	JP1-2	0.779	0.870	
	JP1-3	0.796	0.865	
	JP1-4	0.759	0.878	
关系绩效	JP2-1	0.609	0.829	0.831
	JP2-2	0.719	0.761	
	JP2-3	0.693	0.771	
	JP2-4	0.663	0.784	

5.3.2 探索性因子分析

探索性因子分析（EFA）通常用于决定一组变量由多少个因素或构念组成的一种降维处理技术，它能够确认量表因素结构，以及各个因子与观测变量之间的相关程度，是判断量表效度的有力工具之一。本研究采用 SPSS20.0 统计分析软件对各量表进行探索性因子分析，为后续的假设检验奠定基础。

5.3.2.1 出勤主义行为量表的探索性因子分析

依旧参考小样本的相关原则，当 KMO 数值大于 0.7 时表示良好；Bartlett 球形度检验的概率值小于 0.05。结合特征值大于 1 的相关规定，选取出合适的因子，公因子累积的方差贡献率达到 60%以上。

首先，检验出勤主义行为量表做因子分析的适用性。如表 5-8 数据结果所示，KMO 值达到 0.931，大于 0.7，Bartlett 的球形度检验值的方差近似值为 2919.262，自由度 df 值为 15，显著性为 0.000，小于 0.05，表明问卷结构适合进行因子分析。

表 5-8 出勤主义行为的 KMO 和 Bartlett 球形度检验

取样足够度的 Kaiser-Meyer-Olkin 度量		0.931
Bartlett 的球形度检验	近似卡方	2919.262
	df	15
	Sig.	0.000

其次，采用主成分分析法进行因子分析，最大方差法进行正交旋转，提取特征根大于 1 的因子，共有 1 个被识别出来，与预期结果一致。分析结果如表 5-9 所示，因子的方差贡献率达到 81.242%，大于 60%，说明出勤主义行为的公因子能够较好的代表出勤主义行为的基本情况。此外，旋转后的因子矩阵表 5-10 将 6 个题项归为 1 类，取消绝对值为 0.5 以下的系数后，得到出勤主义行为的因子载荷均在 0.8 以上，说明结构效度良好，可以开展后续分析。

表 5-9 出勤主义行为量表因子分析的总方差解释表

成分	初始特征值			提取平方和载入		
	合计	方差/%	累计/%	合计	方差/%	累计/%
1	4.875	81.242	81.242	4.875	81.242	81.242

5.3.2.2 工作投入量表的探索性因子分析

首先，检验工作投入量表做因子分析的适应性。如表 5-11 数据结果所示，

表 5-10　出勤主义行为变量正交旋转后的因子载荷矩阵

因子	题　　项	因子载荷
		1
出勤主义行为	PS1 在过去的 1 个月里，因为健康原因，我的工作压力更加难以调节了	0.894
	PS2 在过去的 1 个月里，因为健康原因，我没法完成工作中难度大的任务	0.929
	PS3 在过去的 1 个月里，尽管健康方面有问题，我仍然能集中精神完成工作	0.910
	PS4 在过去的 1 个月里，因为健康原因，我觉得根本不可能开展某些工作任务	0.902
	PS5 在过去的 1 个月里，因为健康原因，让我不能从工作中得到乐趣	0.890
	PS6 在过去的 1 个月里，尽管健康方面有问题，我仍然觉得精力充沛，可以完成所有工作	0.882

表 5-11　工作投入量表的 KMO 和 Bartlett 球形度检验

取样足够度的 Kaiser-Meyer-Olkin 度量		0.933
Bartlett 的球形度检验	近似卡方	3449.271
	df	36
	Sig.	0.000

KMO 值达到 0.933，大于 0.7，Bartlett 的球形度检验值的方差近似值为 3449.271，自由度 df 值为 36，显著性为 0.000，小于 0.05，表明问卷结构适合进行因子分析。

其次，采用主成分分析法进行因子分析，最大方差法进行正交旋转，提取特征根大于 1 的因子。如表 5-12 所示，旋转后的平方和载入中工作投入一共有 3 个特征根大于 1，因此能提取 3 个公因子，共同解释了 81.99%的总体变异量，大于 60%的临界值，说明工作投入的公因子具有很好的代表性。

表 5-12　工作投入量表因子分析的总方差解释表

成分	初始特征值			提取平方和载入			旋转平方和载入		
	合计	方差/%	累计/%	合计	方差/%	累计/%	合计	方差/%	累计/%
1	4.335	42.105	22.105	4.335	42.105	22.105	2.945	32.718	32.718
2	1.95	21.244	41.244	1.95	21.244	41.244	2.567	28.527	61.245
3	1.094	18.642	81.642	1.094	18.642	81.642	1.867	20.746	81.991

分析结果见表 5-13，取消绝对值为 0.5 以下的系数后，得到工作投入题项 WE1-1～WE1-3 旋转后的因子载荷值分别是 0.691、0.825 和 0.780，均大于 0.5，落在了公因子 2 上，命名为“活力”；题项 WE2-1～WE2-3 旋转后的因子载荷分别是 0.824、0.829 和 0.767，均大于 0.5，落在了公因子 1 上，命名为“奉献”；题项 WE3-1～WE3-3 旋转后的因子载荷分别是 0.742、0.866 和 0.572，均大于 0.5，落在了公因子 3 上，命名为“专注”。通过因子分析提取的 3 个公因子，与之前研究设计基本一致，说明量表具备较高的结构效度。

表 5-13 工作投入变量正交旋转后的因子载荷矩阵

因子	题 项	因子载荷		
		1	2	3
活力	WE1-1 工作时，我觉得干劲十足		0.691	
	WE1-2 早上起床时，我很乐意去上班		0.825	
	WE1-3 工作时，我感到精力充沛		0.780	
奉献	WE2-1 我为自己所从事的工作感到骄傲	0.824		
	WE2-2 我所做的工作能够激励我	0.829		
	WE2-3 我对自己的工作非常热衷	0.767		
专注	WE3-1 当我工作时，我满脑子就只有工作			0.742
	WE3-2 当我工作时，时间总是不知不觉就过去了			0.866
	WE3-3 当我全身心投入工作时，我感到快乐			0.572

5.3.2.3 感知组织支持量表的探索性因子分析

首先，检验感知组织支持量表做因子分析的适应性。如表 5-14 数据结果所示，KMO 值达到 0.860，大于 0.7，Bartlett 的球形度检验值的方差近似值为 2316.417，自由度 df 值为 21，显著性为 0.000，小于 0.05，表明问卷结构适合进行因子分析。

表 5-14 感知组织支持量表的 KMO 和 Bartlett 球形度检验

取样足够度的 Kaiser-Meyer-Olkin 度量		0.860
Bartlett 的球形度检验	近似卡方	2316.417
	df	21
	Sig.	0.000

其次，采用主成分分析法进行因子分析，最大方差法进行正交旋转，提取特征根大于 1 的因子。如表 5-15 所示，旋转后的平方和载入中感知组织支持一共有 2 个特征根大于 1，因此能提取 2 个公因子，因子的方差贡献率达到 79.442%，大于 60%，说明感知组织支持的公因子能够较好的代表感知组织支持量表的基本情况。

表 5-15 感知组织支持量表因子分析的总方差解释表

成分	初始特征值			提取平方和载入			旋转平方和载入		
	合计	方差/%	累计/%	合计	方差/%	累计/%	合计	方差/%	累计/%
1	4.335	61.936	61.936	4.335	61.936	61.936	2.997	42.821	42.821
2	1.225	17.507	79.442	1.225	17.507	79.442	2.564	36.622	79.442

分析结果见表 5-16，取消绝对值为 0.5 以下的系数后，得到感知组织支持量表中题项 SS1-1～SS1-4 旋转后的因子载荷值分别是 0.830、0.892、0.905 和 0.706，均大于 0.5，落在了公因子 1 上，命名为“上级支持”；题项 SS2-1～SS1-3 旋转后的因子载荷分别是 0.880、0.867 和 0.845，均大于 0.5，落在了公因子 2 上，命名为“同事支持”。通过因子分析提取的 2 个公因子，与之前研究设计一致，说明量表总体来说具备较高的结构效度。

表 5-16　感知组织支持变量正交旋转后的因子载荷矩阵

因子	题　项	因子载荷	
		1	2
上级支持	SS1-1 单位的制度保障了我获得工作必需的培训	0.830	
	SS1-2 单位制度为我的学习进修提供资助	0.892	
	SS1-3 领导会为我的学习进修提供便利	0.905	
	SS1-4 领导对于人员配备和工作量的匹配能够做出合理安排	0.706	
同事支持	SS2-1 团队成员愿意帮助我解决工作中遇到的问题		0.880
	SS2-2 工作中团队成员和我配合默契		0.867
	SS2-3 团队成员为我的工作提出意见和建议		0.845

5.3.2.4　员工工作绩效量表的探索性因子分析

首先，检验员工工作绩效量表做因子分析的适应性。如表 5-17 数据结果所示，KMO 值达到 0.908，大于 0.7，Bartlett 的球形度检验值的方差近似值为 2357.696，自由度 df 值为 28，显著性为 0.000，小于 0.05，表明问卷结构适合进行因子分析。

表 5-17　工作绩效量表的 KMO 和 Bartlett 球形度检验

取样足够度的 Kaiser-Meyer-Olkin 度量		0.908
Bartlett 的球形度检验	近似卡方	2357.696
	df	28
	Sig.	0.000

其次，采用主成分分析法进行因子分析，最大方差法进行正交旋转，提取特征根大于 1 的因子。如表 5-18 所示，旋转后的平方和载入中工作绩效一共有 2 个特征根大于 1，因此能提取 2 个公因子，共同解释了 73.079%的总体变异量，大于 60%的临界值，说明员工绩效的公因子具有很好的代表性。

表 5-18 工作绩效量表因子分析的总方差解释表

成分	初始特征值			提取平方和载入			旋转平方和载入		
	合计	方差/%	累计/%	合计	方差/%	累计/%	合计	方差/%	累计/%
1	4.8	58.25	58.25	4.8	58.25	58.25	3.314	41.428	41.428
2	1.046	14.829	14.829	1.046	14.829	14.829	2.532	31.652	73.079

分析结果见表 5-19，取消绝对值为 0.5 以下的系数后，得到工作绩效题项 JP1-1~JP1-4 旋转后的因子载荷值分别是 0.823、0.855、0.835 和 0.780，均大于 0.5，落在了公因子 1 上，命名为“任务绩效”；题项 JP2-1~JP2-4 旋转后的因子载荷分别是 0.602、0.631、0.824 和 0.862，均大于 0.5，落在了公因子 2 上，命名为“关系绩效”。通过因子分析提取的 2 个公因子，与之前研究设计基本一致，说明量表具备较高的结构效度。

表 5-19 工作绩效变量正交旋转后的因子载荷矩阵

因子	题 项	因子载荷	
		1	2
任务绩效	JP1-1 我可以准确的完成自己的工作目标	0.823	
	JP1-2 我总是按时完成分派给我的工作任务	0.855	
	JP1-3 我能够高质量地完成工作	0.835	
	JP1-4 我对工作时间有较高的利用率	0.780	
关系绩效	JP2-1 我愿意留在本部门继续工作		0.602
	JP2-2 我工作格外努力		0.631
	JP2-3 我总是能够主动帮助他人完成工作		0.824
	JP2-4 我经常能够主动承担本职工作以外的其他工作		0.862

5.3.3 验证性因子分析

利用 AMOS24.0 软件进行验证性因子分析，参考包括：绝对拟合指标和相对拟合指标等一系列指标。本研究选择的拟合指标参考了 Hu 和 Bentler（1999）、McDonald 和 Ho（2002）、荣泰生（2010）、邱皓政和林碧芳（2012）等人的观点。

5.3.3.1 出勤主义行为的验证性因子分析

在对出勤主义行为进行探索性因子分析后，通过其结果可以发现，量表共分为一个维度，包含 6 个题项。以此为基础，对出勤主义行为量表进行验证性因子分析，结果见表 5-20 和表 5-21。结合表中的数据发现，每个题项的标准因子载荷都处于 0.847~0.924 之间，都大于 0.5，C.R 值均大于 2，并且全部通过显著性检验（$p<0.001$）。从拟合指标来看，$x^2/df=3.98$，$RMSEA=0.099$；$GFI=0.963$；$AGFI=0.914$；$NFI=0.982$；$CFI=0.985$。综上可见，该模型具备良好的拟合效果，这意味着出勤主义行为量表具备较好的效度。

表 5-20　出勤主义行为量表信度分析结果

变量	题项	标准因子载荷（*R*）	标准误差（*S. E.*）	临界比（*C. R*）	显著性
出勤主义行为	PS1	0.876	0.025	12.148	$p<0.001$
	PS2	0.924	0.021	13.154	
	PS3	0.857	0.026	11.204	
	PS4	0.896	0.026	13.464	
	PS5	0.879	0.027	12.604	
	PS6	0.847	0.027	13.061	

表 5-21　出勤主义行为验证性因子结构模型拟合指数

拟合指数	指数值	说　明
df	13	自由度
x^2	51.798	卡方值
x^2/df	3.98	卡方率。数值越小，拟合度越高。$x^2/df<3$ 时模型拟合的好，样本量较大时，$x^2/df<5$ 也可以接受
RMSEA	0.099	近似误差均方根。介于 0~1 之间，$RMSEA<0.1$ 模型拟合的好；$RMSEA<0.05$ 模型拟合的非常好；$RMSEA<0.01$ 模型拟合的出色
GFI	0.963	拟合优度。介于 0~1 之间，$GFI>0.8$ 模型拟合合理；$GFI>0.9$ 模型拟合的好
AGFI	0.914	校正的拟合优度。介于 0~1 之间，$AGFI>0.8$ 模型拟合的好
NFI	0.982	标准拟合指数。介于 0~1 之间，$NFI>0.9$ 模型拟合的好
CFI	0.985	比较拟合指数。介于 0~1 之间，$CFI>0.9$ 模型拟合的好

5.3.3.2　工作投入量表的验证性因子分析

在对工作投入进行探索性因子分析后，通过其结果可以发现，量表共分为三个维度，第一个为活力，包含 3 个题项；第二个为奉献，包含 3 个题项；第三个为专注，包含 3 个题项。以此为基础，对工作投入量表进行验证性因子分析，结果如表 5-22 和表 5-23 所示。结合表中的数据发现，每个题项的标准因子载荷都处于 0.672~0.895 之间，都大于 0.5，*C. R* 值均大于 2，并且全部通过显著性检验（$p<0.001$）。从拟合指标来看，$x^2/df=4.05$，$RMSEA=0.079$；$GFI=0.956$；$AGFI=0.917$；$NFI=0.972$；$CFI=0.979$。综上可见，该模型具备良好的拟合效果，这意味着工作投入量表具备较好的效度。

表 5-22 工作投入量表信度分析结构

变量	题项编号	标准因子载荷	标准差	C. R 值	显著性
活力	WE1-1	0.868	0.02	11.546	$p<0.001$
	WE1-2	0.871	0.027	11.471	
	WE1-3	0.880	0.02	11.077	
奉献	WE2-1	0.885	0.019	11.442	
	WE2-2	0.895	0.019	10.931	
	WE2-3	0.890	0.018	11.127	
专注	WE3-1	0.717	0.037	12.993	
	WE3-2	0.672	0.032	13.485	
	WE3-3	0.831	0.028	10.682	

表 5-23 工作投入验证性因子结构模型拟合指数

拟合指数	指数值	说明
df	24	自由度
x^2	97.296	卡方值
x^2/df	4.05	卡方率。数值越小，拟合度越高。$x^2/df<3$ 时模型拟合的好，样本量较大时，$x^2/df<5$ 也可以接受
RMSEA	0.079	近似误差均方根。介于 0~1 之间，$RMSEA<0.1$ 模型拟合的好；$RMSEA<0.05$ 模型拟合的非常好；$RMSEA<0.01$ 模型拟合的出色
GFI	0.956	拟合优度。介于 0~1 之间，$GFI>0.8$ 模型拟合合理；$GFI>0.9$ 模型拟合的好
AGFI	0.917	校正的拟合优度。介于 0~1 之间，$AGFI>0.8$ 模型拟合的好
NFI	0.972	标准拟合指数。介于 0~1 之间，$NFI>0.9$ 模型拟合的好
CFI	0.979	比较拟合指数。介于 0~1 之间，$CFI>0.9$ 模型拟合的好

5.3.3.3 感知组织支持量表的验证性因子分析

在对感知组织支持进行探索性因子分析后，通过其结果可以发现，量表共分为两个维度，第一个为上级支持，包含 4 个题项；第二个为同事支持，包含 3 个题项。以此为基础，对感知组织支持量表进行验证性因子分析，结果如表 5-24 和表 5-25 所示。结合表中的数据发现，每个题项的标准因子载荷都处于 0.704~0.928 之间，都大于 0.5，*C. R* 值均大于 2，并且全部通过显著性检验（$p<0.001$）。从拟合指标来看，$x^2/df=2.196$，$RMSEA=0.050$；$GFI=0.986$；$AGFI=0.964$；$NFI=0.990$；$CFI=0.994$。综上可见，该模型具备良好的拟合效果，这意味着感知组织支持量表具备较好的效度。

表 5-24 感知组织支持量表信度分析结果

变量	题项编号	标准因子载荷	标准差	C. R 值	显著性
上级支持	SS1-1	0.836	0.031	12.523	$p<0.001$
	SS1-2	0.928	0.023	7.527	
	SS1-3	0.864	0.033	11.485	
	SS1-4	0.704	0.045	14.193	
同事支持	SS3-1	0.882	0.022	8.707	
	SS3-2	0.826	0.021	11.461	
	SS3-3	0.836	0.024	11.024	

表 5-25 感知组织支持验证性因子结构模型拟合指数

拟合指数	指数值	说 明
df	11	自由度
x^2	24.157	卡方值
x^2/df	2.196	卡方率。数值越小，拟合度越高。$x^2/df<3$ 时模型拟合的好，样本量较大时，$x^2/df<5$ 也可以接受
RMSEA	0.050	近似误差均方根。介于 0~1 之间，*RMSEA*<0.1 模型拟合的好；*RMSEA*<0.05 模型拟合的非常好；*RMSEA*<0.01 模型拟合的出色
GFI	0.986	拟合优度。介于 0~1 之间，*GFI*>0.8 模型拟合合理；*GFI*>0.9 模型拟合的好
AGFI	0.964	校正的拟合优度。介于 0~1 之间，*AGFI*>0.8 模型拟合的好
NFI	0.990	标准拟合指数。介于 0~1 之间，*NFI*>0.9 模型拟合的好
CFI	0.994	比较拟合指数。介于 0~1 之间，*CFI*>0.9 模型拟合的好

5.3.3.4 员工工作绩效量表的验证性因子分析

在对员工工作绩效进行探索性因子分析后，通过其结果可以发现，量表共分为两个维度，第一个为任务绩效，包含 4 个题项；第二个为关系绩效，包含 4 个题项。以此为基础，对工作绩效量表进行验证性因子分析，结果如表 5-26 和表 5-27 所示。结合表中的数据发现，每个题项的标准因子载荷都处于 0.651~0.876 之间，都大于 0.5，C. R 值均大于 2，并且全部通过显著性检验（$p<0.001$）。从拟合指标来看，$x^2/df=2.825$，*RMSEA* = 0.098；*GFI* = 0.945；*AGFI* = 0.896；*NFI*=0.954；*CFI*=0.962。综上可见，该模型具备良好的拟合效果，这意味着员工绩效量表具备较好的效度。

表 5-26 工作绩效量表信度分析结果

变量	题项编号	标准因子载荷	标准差	*C.R* 值	显著性
任务绩效	JP1-1	0.827	0.056	10.839	$p<0.001$
	JP1-2	0.821	0.069	7.659	
	JP1-3	0.855	0.023	12.120	
	JP1-4	0.828	0.023	12.296	
关系绩效	JP2-1	0.651	0.019	11.382	
	JP2-2	0.876	0.025	12.146	
	JP2-3	0.746	0.051	14.053	
	JP2-4	0.688	0.026	8.508	

表 5-27 工作绩效验证性因子结构模型拟合指数

拟合指数	指数值	说明
df	18	自由度
x^2	50.851	卡方值
x^2/df	2.825	卡方率。数值越小，拟合度越高。$x^2/df<3$ 时模型拟合的好，样本量较大时，$x^2/df<5$ 也可以接受
RMSEA	0.098	近似误差均方根。介于 0~1 之间，$RMSEA<0.1$ 模型拟合的好；$RMSEA<0.05$ 模型拟合的非常好；$RMSEA<0.01$ 模型拟合的出色
GFI	0.945	拟合优度。介于 0~1 之间，$GFI>0.8$ 模型拟合合理；$GFI>0.9$ 模型拟合的好
AGFI	0.896	校正的拟合优度。介于 0~1 之间，$AGFI>0.8$ 模型拟合的好
NFI	0.954	标准拟合指数。介于 0~1 之间，$NFI>0.9$ 模型拟合的好
CFI	0.962	比较拟合指数。介于 0~1 之间，$CFI>0.9$ 模型拟合的好

5.4 共同方法偏差检验

由于本研究各个变量的测量数据来源于同一批被试人群，施测的方式全部通过评分者以自我报告或自我陈述的方式获得，因此容易产生预测变量与效标变量之间人为的共变关系，即共同方法偏差问题（CMB）。共同方法偏差问题在社会科学研究范畴尤其是问卷调查研究方法中广泛存在。控制共同方法偏差问题可以从过程控制和统计控制两方面进行（熊红星等，2012）。

过程控制方法，又称事前控制，指针对调查问卷的数据来源、测量时间、被试对象和测量地点等问题的研究设计上进行严格控制，保证数据的科学性和有效性。本研究在进行过程控制时，比如：问卷设计时将主要变量错置排序，以降低被调查者答题过程中的回顾性偏差；在问卷设计阶段，设计不同的子问卷指导语；选取的各个量表均为信效度较高的成熟量表；采用严格科学的施测程序降低被试者对测量目的的猜测；部分条目使用反向计分等。

统计控制方法，又称事后控制，包括 Harman 单因素检验、偏相关法和潜在误差变量控制法等。周浩和龙立荣（2004）提出控制共同方法偏差的方法中 Harman 单因素检验方法被广泛采用。邓稳根等人（2018）针对问卷类研究中报告了共同方法偏差的 479 篇文献进行了统计分析，发现 Harman 单因素法在所有统计控制法中使用频率最高，占到文献总数的 93. 95%。采用 Harman 单因素检验方法中的探索性因素分析进行共同方法偏差问题的检验程序为：将所有变量放到一个探索性因素分析中，检验未旋转的因素分析结果，考察特征根大于 1 的因子数以及第一因子的累计百分比，大多文献认为当百分比小于 40%的临界值时，则基本可以判断共同方法偏差程度较小。

我们为有效降低共同方法偏差，严格控制测量过程，采用 Harman 单因素检验方法中的探索性因素分析进行共同方法偏差的统计检验，得出结果如表 5-28 所示，特征值大于 1 的因子共有 8 个，且第一个因子解释变异量为 31. 072%，小于 40%的临界标准，表明本研究所涉及的变量各题项之间不存在明显的共同方法偏差，可以开展后续的实证分析。综上所述，大样本调研数据反映出了各量表良好的信度和效度，可以开展后续的实证分析研究。

表 5-28　解释的总方差

	初始特征值			提取平方和载入		
成分	合计	方差/%	累积/%	合计	方差/%	累积/%
1	14. 422	31. 072	31. 072	14. 422	31. 072	31. 072
2	4. 505	16. 352	54. 424	4. 505	16. 352	54. 424
3	2. 739	9. 132	63. 555	2. 739	9. 132	63. 555
4	1. 900	5. 000	68. 556	1. 900	5. 000	68. 556
5	1. 720	4. 065	72. 621	1. 720	4. 065	72. 621
6	1. 411	3. 036	75. 657	1. 411	3. 036	75. 657
7	1. 235	2. 450	78. 107	1. 235	2. 450	78. 107
8	1. 069	1. 897	80. 004	1. 069	1. 897	80. 004

注：提取方法为主成分分析。

5.5　相关性分析

在统计分析中，通常利用相关性分析中的相关系数来定量描述各变量之间关系密切程度。相关系数的取值范围在（-1，1）之间，在显著性的前提下，当相关系数大于 0 时，系数取值越接近 1，说明变量之间的正相关程度越高，越接近 0，说明正相关程度越低。同理，当相关系数小于 0 时，系数取值越接近-1，说明变量之间的负相关程度越高，越接近 0，说明负相关程度越低。本研究运用 SPSS20. 0 软件对所涉及的 18 个研究变量及维度（包括控制变量、自变量、调节变量、中介变量、因变量）进行相关性分析，分析结果如表 5-29 所示。

表 5-29　变量各维度之间的皮尔逊相关系数矩阵

	1	2	3	4	5	6	7	8	9	10	11	12	13	14	15	16
1. 性别	1															
2. 年龄	0. 236	1														
3. 婚姻	-0. 118②	-0. 624②	1													
4. 学历	-0. 063	0. 006	-0. 021	1												
5. 职位	0. 179③	0. 271②	-0. 229②	0. 128②	1											
6. 工作年限	0. 012	0. 679②	-0. 535②	0. 07	0. 162②	1										
7. 企业成立年数	0. 096①	0. 254②	-0. 238②	0. 287②	0. 049	0. 294②	1									
8. 企业类型	0. 180②	-0. 271②	0. 097①	-0. 375②	0. 005	-0. 273②	-0. 365②	1								
9. 行业类型	-0. 125②	-0. 140②	0. 132②	0. 009	-0. 114①	-0. 038	-0. 014	0. 08	1							
10. 出勤主义行为	-0. 033	-0. 015	0. 023	-0. 106①	-0. 104①	0. 086	-0. 03	-0. 016	0. 108①	1						
11. 上级支持	0. 046	-0. 112①	0. 135②	-0. 157②	-0. 008	-0. 140②	-0. 013	0. 145②	-0. 024	0. 015	1					
12. 同事支持	-0. 036	-0. 121②	0. 114①	-0. 044	0. 026	-0. 076	0. 072	0. 091①	-0. 016	-0. 067	0. 560②	1				
13. 活力	0. 047	0. 038	-0. 033	-0. 042	0. 118②	0. 025	0. 055	0. 085	-0. 044	-0. 125②	0. 594②	0. 537②	1			
14. 奉献	-0. 01	0. 061	-0. 049	-0. 043	0. 081	0. 032	-0. 004	0. 074	0	-0. 037	0. 609②	0. 564②	0. 790②	1		
15. 专注	-0. 008	0. 066	-0. 054	-0. 039	0. 061	0. 034	0. 109①	0. 079	-0. 018	-0. 096①	0. 498②	0. 556②	0. 733②	0. 723②	1	
16. 任务绩效	-0. 021	0. 078	-0. 067	-0. 025	0. 086	0. 024	0. 011	0. 106①	0. 01	-0. 125②	0. 280②	0. 377②	0. 443②	0. 390②	0. 511②	1
17. 关系绩效	0. 002	0. 032	-0. 05	0. 002	0. 093①	0. 007	0. 088	0. 08	-0. 009	-0. 118②	0. 464②	0. 525②	0. 579②	0. 571②	0. 591②	0. 694②

①在 0. 05 水平（双侧）上显著相关；

②在 0. 01 水平（双侧）上显著相关。

控制变量中：年龄与上级支持显著负相关（$r=-0.112$，$p=0.022$）、与同事支持显著负相关（$r=-0.121$，$p=0.008$）；婚姻与上级支持显著正相关（$r=0.135$，$p=0.002$）、与同事支持显著正相关（$r=0.114$，$p=0.012$）；学历与出勤主义行为显著负相关（$r=-0.106$，$p=0.019$）、与上级支持显著负相关（$r=-0.157$，$p=0.01$）；职位与出勤主义行为显著负相关（$r=-0.104$，$p=0.022$）、与工作投入中的活力显著正相关（$r=0.118$，$p=0.009$）、与员工绩效中的关系绩效显著正相关（$r=0.093$，$p=0.041$）；工作年限与上级支持显著负相关（$r=-0.140$，$p=0.002$）；企业成立年数与工作投入中的专注显著正相关（$r=0.109$，$p=0.012$）；企业类型与上级支持显著正相关（$r=0.145$，$p=0.002$）、与同事支持显著正相关（$r=0.091$，$p=0.019$）、与任务绩效显著正相关（$r=0.106$，$p=0.027$）；行业类型与出勤主义行为显著正相关（$r=0.108$，$p=0.024$）。

自变量中：出勤主义行为与活力显著负相关（$r=-0.125$，$p=0.006$）、与专注显著负相关（$r=-0.096$，$p=0.035$）、与任务绩效显著负相关（$r=-0.125$，$p=0.006$）、与关系绩效显著负相关（$r=-0.118$，$p=0.009$）。

调节变量中：上级支持与活力显著正相关（$r=0.594$，$p=0.000$）、与奉献显著正相关（$r=0.609$，$p=0.000$）、与专注显著正相关（$r=0.498$，$p=0.000$）、与任务绩效显著正相关（$r=0.280$，$p=0.000$）、与关系绩效显著正相关（$r=0.464$，$p=0.000$）；同事支持与活力显著正相关（$r=0.537$，$p=0.000$）、与奉献显著正相关（$r=0.564$，$p=0.000$）、与专注显著正相关（$r=0.556$，$p=0.000$）、与任务绩效显著正相关（$r=0.377$，$p=0.000$）、与关系绩效显著正相关（$r=0.525$，$p=0.000$）。

中介变量中：活力与任务绩效显著正相关（$r=0.443$，$p=0.000$）、与关系绩效显著正相关（$r=0.579$，$p=0.000$）；奉献与任务绩效显著正相关（$r=0.390$，$p=0.000$）、与关系绩效显著正相关（$r=0.571$，$p=0.000$）；专注与任务绩效显著正相关（$r=0.511$，$p=0.000$）、与关系绩效显著正相关（$r=0.591$，$p=0.000$）。

总体而言，自变量（出勤主义行为）、中介变量（活力、奉献和专注）和因变量（任务绩效、关系绩效）之间均存在显著的相关关系。这为我们的研究提供了初步的证据，但相关性分析只能说明变量间是否存在相关关系，而不能辨识自变量与因变量（游士兵和徐艳琴，2001）。此外，在相关分析中对影响变量关系的其他干扰因素没有给予剔除。因此，相关性分析只能作为假设检验的前提条件，要证明出勤主义行为、工作投入、感知组织支持与员工绩效之间的因果关系需要进行多元线性回归分析。

5.6 假设检验

在进行分析之前需要针对检验模型中存在的多重共线性和序列相关性等问题进行检验（马国庆，2002）。

多重共线性是指回归模型中存在的高度相关关系而难以估计的问题，本研究采用方差膨胀因素 *VIF* 评估变量间的多重共线性的影响。通常情况下，如果方差膨胀因素数值越大，说明共线性越强。一般当 *VIF* 数值在（0，10）之间时，表示不存在多重共线性；当 *VIF* 数值大于 10 时，表示共线性已经严重威胁参数估计的稳定性。

序列相关性又称自相关，是指总体回归模型的随机干扰项之间存在的某种相关关系。我们采用杜宾-沃森 D-W（Durbin-Watson）检验来进行评估，通常情况下，当 D-W 数值显著接近于 0 或 4 时，则存在自相关性，接近于 2 时，不存在自相关性。

5.6.1 出勤主义行为对员工工作绩效的影响

本研究应用 SPSS20.0 数据分析软件验证出勤主义行为对任务绩效、关系绩效的影响，以任务绩效、关系绩效为因变量，以出勤主义行为为自变量，以行业类型、学历、工作年限、性别、职位、企业成立年数、企业所有制类型、婚姻和年龄为控制变量，建立层次回归模型，来检验出勤主义行为对任务绩效、关系绩效的影响假设。回归分析结果中：模型 1 是控制变量对任务绩效的影响，模型 2 是出勤主义行为对任务绩效的影响，模型 3 是控制变量对关系绩效的影响，模型 4 是出勤主义行为对关系绩效的影响。

先对共线性问题和序列相关性问题进行诊断，所有控制变量与研究变量的 VIF 值均在 2 以下，可见回归模型不存在共线性问题，结果见表 5-30；模型 2 的 DW 值为 1.867，模型 4 的 DW 值为 1.729，均接近于 2，则回归模型都不存在序列相关问题，表明回归结果具有一定的稳定性。

根据表 5-30 结果可见：模型 1 是控制变量对任务绩效的影响，控制变量对任务绩效的解释变异即 R 方值为 3.4%，此解释力没有达到统计上的显著水平（$\Delta F=1.848$，$p>0.05$）；模型 1 整体解释变异量显著性检验的 F 值为 1.848，其显著性检验的 p 值为 0.058，小于统计学上 0.1 的显著水平，说明控制变量中有某些因素对任务绩效存在一些影响，具体而言，企业所有制类型对任务绩效存在显著影响（$\beta=0.16$，$p<0.05$）。

模型 2 是出勤主义行为对任务绩效的影响，加入了出勤主义行为变量，共可以解释任务绩效 4.7%的变异量，排除控制变量的影响，出勤主义行为变量能够额外贡献即 R 方变化量为 1.3%的解释力，此解释力达到了统计上的显著水平

表 5-30　出勤主义行为对员工工作绩效的影响回归模型

模　型		因变量：任务绩效		因变量：关系绩效	
		模型 1	模型 2	模型 3	模型 4
控制变量	性别	−0.073	−0.072	−0.056	−0.056
	年龄	0.092	0.092	0.006	0.006
	婚姻	−0.017	−0.014	−0.013	−0.013
	学历	0.009	−0.005	0.002	−0.011
	职位	0.068	0.059	0.089	0.081
	企业成立年数	0.050	0.046	0.137②	0.134②
	企业所有制类型	0.160①	0.153②	0.144②	0.136①
	行业类型	0.013	0.024	−0.013	−0.002
自变量	出勤主义行为		−0.116①		−0.106①
	R^2	0.034	0.047	0.033	0.043
	调整 R^2	0.015	0.026	0.016	0.025
	F 值	1.848	2.318①	2.009①	2.404①
	ΔR^2	0.034	0.013	0.033	0.011
	VIF	<2	<2	<2	<2
	Durbin-Watson 检验		1.867		1.729

① $p<0.05$；② $p<0.01$；③ $p<0.001$。

（$\Delta F=6.365$，$p<0.05$）；模型 2 的整体解释变异量显著性检验的 F 值为 2.318，出勤主义行为对于任务绩效存在显著的负向影响（$\beta=-0.116$，$p<0.05$），小于统计学上 0.05 的显著水平。因此，假设 H1-1：出勤主义行为负向影响员工任务绩效得到验证，说明当员工越是带病出勤工作，任务绩效越低。

模型 3 是控制变量对关系绩效的影响，控制变量对任务绩效的解释变异即 R 方值为 3.3%，此解释力达到统计上的显著水平（$\Delta F=2.009$，$p<0.05$）；模型 3 整体解释变异量显著性检验的 F 值为 2.009，其显著性检验的 p 值小于统计学上 0.05 的显著水平，说明控制变量中有某些因素对任务绩效存在影响，具体而言：企业成立年限对关系绩效存在显著正向影响（$\beta=0.137$，$p<0.01$），小于统计学上 0.05 的显著水平；企业所有制类型对关系绩效存在显著影响（$\beta=0.144$，$p<0.01$），小于统计学上 0.05 的显著水平。

模型 4 出勤主义行为对关系绩效的影响，加入了出勤主义行为变量，共可以解释关系绩效 4.3%的变异量，排除控制变量的影响，出勤主义行为变量能够额外贡献即 R 方变化量为 1.1%的解释力，此解释力达到了统计上的显著水平（$\Delta F=5.42$，$p<0.05$）。模型 2 的整体解释变异量显著性检验的 F 值为 2.404，出勤主

义行为对于关系绩效存在显著的负向影响（$\beta=-0.106$，$p<0.05$），小于统计学上0.05的显著水平。因此，假设H1-2：出勤主义行为负向影响员工关系绩效得到验证，说明当员工越是带病出勤工作，关系绩效越低。

5.6.2 出勤主义行为对工作投入的影响

本研究应用SPSS20.0数据分析软件验证出勤主义行为对工作投入各维度（活力、奉献和专注）的影响，分别以活力、奉献和专注为因变量，以出勤主义行为为自变量，以行业类型、学历、工作年限、性别、职位、企业成立年数、企业所有制类型、婚姻和年龄为控制变量，建立层次回归模型，来检验出勤主义行为对工作投入各维度的影响假设。回归分析结果中：模型1是控制变量对活力的影响，模型2是出勤主义行为对活力的影响，模型3是控制变量对奉献的影响，模型4是出勤主义行为对奉献的影响，模型5是控制变量对专注的影响，模型6是出勤主义行为对专注的影响。

先对共线性问题和序列相关性问题进行诊断，所有控制变量与研究变量的*VIF*值均在2以下，可见回归模型不存在共线性问题，结果如表5-31所示；模型2、模型4和模型6的DW值分别为1.885、1.94、1.912，均接近于2，则回归模型不存在序列相关问题，表明回归结果具有一定的稳定性。

表5-31 出勤主义行为对工作投入各维度影响的回归模型

模型		因变量：活力		因变量：奉献		因变量：专注	
		模型1	模型2	模型3	模型4	模型5	模型6
控制变量	性别	−0.011	−0.011	−0.049	−0.049	−0.069	−0.069
	年龄	0.022	0.023	0.063	0.063	0.062	0.062
	婚姻	0.024	0.023	−0.004	−0.004	0.016	0.016
	学历	−0.043	−0.056	−0.025	−0.029	−0.041	−0.052
	职位	0.114①	0.105①	0.074	0.072	0.054	0.047
	企业成立年数	0.104①	0.101①	0.023	0.023	0.169③	0.167③
	企业所有制类型	0.115①	0.107	0.098	0.096	0.154②	0.147②
	行业类型	−0.04	−0.028	0.004	0.008	−0.023	−0.014
自变量	出勤主义行为		−0.113①		−0.032		−0.089①
	R^2	0.032	0.044	0.019	0.02	0.04	0.047
	调整R^2	0.016	0.026	0.002	0.001	0.024	0.029
	*F*值	1.971①	2.454②	1.142	1.066	2.463①	2.627②
	ΔR^2	0.032	0.012	0.019	0.001	0.04	0.008
	VIF	<2	<2	<2	<2	<2	<2
	Durbin-Watson检验		1.885		1.94		1.912

① $p<0.05$；② $p<0.01$；③ $p<0.001$。

根据表 5-31 结果可见：模型 1 是控制变量对活力的影响，控制变量对活力的解释变异即 R 方值为 3.2%，此解释力达到统计上的显著水平（$\Delta F=1.971$，$p<0.05$）；模型 1 整体解释变异量显著性检验的 F 值为 1.971，其显著性检验的 p 值为 0.048，小于统计学上 0.05 的显著水平，说明控制变量中有某些因素对活力存在影响，具体而言：职位对活力存在显著正向影响（$\beta=0.114$，$p<0.05$），小于统计学上 0.05 的显著水平；企业成立年限对活力存在显著正向影响（$\beta=0.104$，$p<0.05$），小于统计学上 0.05 的显著水平；企业所有制类型对活力存在显著影响（$\beta=0.115$，$p<0.05$），小于统计学上 0.05 的显著水平。

模型 2 是出勤主义行为对活力的影响，加入了出勤主义行为变量，共可以解释关系绩效 4.4%的变异量，排除控制变量的影响，出勤主义行为变量能够额外贡献即 R 方变化量为 1.2%的解释力，此解释力达到了统计上的显著水平（$\Delta F=6.148$，$p<0.05$）。模型 2 的整体解释变异量显著性检验的 F 值为 2.454，出勤主义行为对于活力存在显著的负向影响（$\beta=-0.113$，$p<0.05$），小于统计学上 0.05 的显著水平。因此，假设 H2-1：出勤主义行为负向影响活力得到验证，说明员工越是带病出勤工作，越是降低员工工作的活力。

模型 3 是控制变量对奉献的影响，控制变量对奉献的解释变异即 R 方值为 1.9%，此解释力没有达到统计上的显著水平（$\Delta F=1.142$，$p>0.1$）；模型 1 整体解释变异量显著性检验的 F 值为 1.142，其显著性检验的 p 值为 0.333，说明控制变量对奉献不存在显著影响。

模型 4 是出勤主义行为对奉献的影响，加入了出勤主义行为变量，共可以解释关系绩效 2%的变异量，排除控制变量的影响，出勤主义行为变量能够额外贡献即 R 方变化量为 0.1%的解释力，此解释力没有达到统计上的显著水平（$\Delta F=0.468$，$p>0.1$）。模型 2 的整体解释变异量显著性检验的 F 值为 1.066，出勤主义行为对于奉献不存在显著影响（$\beta=-0.032$，$p>0.1$）。因此，假设 H2-2：出勤主义行为负向影响奉献没有得到验证，不成立。

模型 5 是控制变量对专注的影响，控制变量对专注的解释变异即 R 方值为 4%，此解释力达到统计上的显著水平（$\Delta F=2.463$，$p<0.05$）；模型 1 整体解释变异量显著性检验的 F 值为 2.463，其显著性检验的 p 值为 0.013，小于统计学上 0.05 的显著水平，说明控制变量中有某些因素对专注存在影响，具体而言：企业成立年限对专注存在显著正向影响（$\beta=0.169$，$p<0.001$），达到统计学上 0.001 的显著水平；企业所有制类型对活力存在显著影响（$\beta=0.154$，$p<0.01$），小于统计学上 0.01 的显著水平。

模型 6 是出勤主义行为对专注的影响，加入了出勤主义行为变量，共可以解释关系绩效 4.7%的变异量，排除控制变量的影响，出勤主义行为变量能够额外贡献即 R 方变化量为 0.7%的解释力，此解释力达到了统计上的显著水平（$\Delta F=$

3.825，$p<0.05$）。模型6的整体解释变异量显著性检验的 F 值为2.627，出勤主义行为对于专注存在显著的负向影响（$\beta=-0.089$，$p<0.05$），达到统计学上0.05的显著水平。因此，假设H2-3：出勤主义行为负向影响专注得到验证，说明员工越是带病出勤工作，越是降低员工工作的专注。

5.6.3 工作投入对员工工作绩效的影响

本研究应用SPSS20.0数据分析软件验证工作投入各维度对员工绩效的影响，分别以任务绩效和关系绩效为因变量，以活力、奉献和专注为自变量，以行业类型、学历、工作年限、性别、职位、企业成立年数、企业所有制类型、婚姻和年龄为控制变量，建立层次回归模型，来检验工作投入各维度对员工工作绩效各维度的影响假设。回归分析结果中：模型1是控制变量对任务绩效的影响，模型2是活力、奉献和专注对任务绩效的影响，模型3是控制变量对关系绩效的影响，模型4是活力、奉献和专注对关系绩效的影响。

先对共线性问题和序列相关性问题进行诊断，所有控制变量与研究变量的VIF值均在4以下，可见回归模型不存在共线性问题，结果如表5-32所示；模型2和模型4的 DW 值分别为1.955和1.853，接近于2，则回归模型不存在序列相关问题，表明回归结果具有一定的稳定性。

根据表5-32结果可见：模型1是控制变量对任务绩效的影响，控制变量对任务绩效的解释变异即 R 方值为3.3%，此解释力达到统计上的显著水平（$\Delta F=2.017$，$p<0.05$）；模型1整体解释变异量显著性检验的 F 值为2.017，其显著性检验的 p 值为0.043，小于统计学上0.05的显著水平，说明控制变量中某些因素对任务绩效存在影响，具体而言，企业所有制类型对任务绩效存在显著影响（$\beta=0.163$，$p<0.01$）。

表5-32 工作投入各维度对员工工作绩效各维度影响的回归模型

模型		因变量：任务绩效		因变量：关系绩效	
		模型1	模型2	模型3	模型4
控制变量	性别	-0.072	-0.044	-0.056	-0.025
	年龄	0.092	0.067	0.006	-0.029
	婚姻	-0.008	-0.02	-0.013	-0.021
	学历	0.009	0.032	0.002	0.027
	职位	0.068	0.03	0.089	0.036
	企业成立年数	0.046	-0.042	0.137②	0.062
	企业所有制类型	0.163②	0.084	0.144②	0.057
	行业类型	0.01	0.028	-0.013	0.001

续表 5-32

模　型		因变量：任务绩效		因变量：关系绩效	
		模型 1	模型 2	模型 3	模型 4
自变量	活力		0.186②		0.203③
	奉献		−0.074		0.197②
	专注		0.42③		0.288③
	R^2	0.033	0.286	0.033	0.414
	调整 R^2	0.017	0.270	0.016	0.4
	F 值	2.017①	17.285③	2.009①	30.403③
	ΔR^2	0.033	0.254	0.033	0.381
	VIF	<2	<4	<2	<4
	Durbin-Watson 检验		1.955		1.853

① $p<0.05$；② $p<0.01$；③ $p<0.001$。

模型 2 是活力、奉献和专注对任务绩效的影响，加入了活力、奉献和专注变量后，共可以解释任务绩效 28.6%的变异量，排除控制变量的影响，活力变量能够额外贡献即 *R* 方变化量为 25.4%的解释力，此解释力达到了统计上的显著水平（$\Delta F=56.133$，$p<0.001$）。模型 2 的整体解释变异量显著性检验的 *F* 值为 17.285，其中，活力和专注对于任务绩效存在显著的正向影响（$\beta=0.186$，$p<0.01$）（$\beta=0.420$，$p<0.001$），分别小于统计学上 0.01 和 0.001 的显著水平。因此，假设 H3a-1：活力正向影响员工任务绩效得到验证，说明员工越是工作有活力，带来的任务绩效越高。假设 H3a-3：专注正向影响员工任务绩效得到验证，说明员工越是工作专注，带来的任务绩效越高。但工作投入中的奉献维度对于任务绩效不存在显著正向影响（$\beta=-0.074$，$p=0.278>0.1$），没有达到统计学上的显著水平，假设 H3a-2 不成立。

模型 3 是控制变量对关系绩效的影响，控制变量对关系绩效的解释变异即 *R* 方值为 3.3%，此解释力达到统计上的显著水平（$\Delta F=2.009$，$p<0.05$）；模型 3 整体解释变异量显著性检验的 *F* 值为 2.009，其显著性检验的 *p* 值为 0.044，小于统计学上 0.05 的显著水平，说明控制变量中某些因素对关系绩效存在影响，具体而言：企业成立年限对关系绩效存在显著影响（$\beta=0.137$，$p<0.01$）；企业所有制类型对任务绩效存在显著影响（$\beta=0.144$，$p<0.01$）。

模型 4 是活力、奉献和专注对关系绩效的影响，加入了活力、奉献和专注变量，共可以解释任务绩效 41.4%的变异量，排除控制变量的影响，活力、奉献和专注变量能够额外贡献即 *R* 方变化量为 38.1%的解释力，此解释力达到了统计上的显著水平（$\Delta F=102.694$，$p<0.001$）。模型 4 的整体解释变异量显著性检验的 *F* 值为 30.403，活力、奉献和专注对于任务绩效存在显著的正向影响（$\beta=$

0.203，$p<0.001$）、（$\beta=0.197$，$p<0.01$）、（$\beta=0.288$，$p<0.001$），小于统计学上0.001和0.01的显著水平。因此，假设H3b-1：活力正向影响员工关系绩效得到验证，说明员工越是工作有活力，带来的关系绩效越高。假设H3b-2：奉献正向影响员工关系绩效得到验证，说明员工越是有奉献精神，带来的关系绩效越高。假设H3b-3：专注正向影响员工关系绩效得到验证，说明员工越是工作专注，带来的关系绩效越高。

5.6.4 工作投入中介作用的实证检验

检验中介作用，学术界比较常用的是Baron和Kenny（1986）的三步检验法。首先，检验自变量是否显著影响因变量，如果影响显著，可以进行第二步，如果影响不显著，证明不存在中介作用。第二步，检验自变量是否显著影响中介变量，如果影响显著，可以进行第三步，如果影响不显著，证明不存在中介作用，停止检验。第三步，将中介变量和自变量同时引入回归方程，中介变量的系数显著，当自变量的回归系数下降到不显著，就意味着存在完全中介作用，假设自变量的系数有所下降，但还处于显著水平，则说明中介作用为部分中介。本文采用该方法来检验工作投入各维度的中介效果。

从之前的回归分析中，得知出勤主义行为负向影响员工工作投入中奉献的假设不成立，按照Baron和Kenny（1986）的三步检验法中的第二步，自变量不能显著影响中介变量，证明中介作用不存在，停止检验。因此，奉献在出勤主义行为与员工绩效之间的中介作用不存在，假设H4b-1：奉献在出勤主义行为与任务绩效之间发挥中介作用，以及H4b-2：奉献在出勤主义行为与关系绩效之间发挥中介作用，都不成立。

在前面已经证实自变量（出勤主义行为）对因变量（任务绩效和关系绩效）存在显著影响；自变量（出勤主义行为）对中介变量（工作投入）的其他两个维度（活力、专注）存在显著影响；中介变量工作投入的活力和专注维度对因变量（任务绩效和关系绩效）存在显著影响。因此，工作投入在出勤主义行为与员工绩效之间的中介作用只需最后一步。

5.6.4.1 活力在出勤主义行为与员工工作绩效之间的中介作用检验

根据研究假设模型，分别以任务绩效、关系绩效为因变量，以出勤主义行为和活力为自变量，以行业类型、学历、工作年限、性别、职位、企业成立年数、企业所有制类型、婚姻和年龄为控制变量，建立层次回归模型，来检验出勤主义行为、活力对员工工作绩效（任务绩效和关系绩效）的影响假设。模型2和模型5分别描述了出勤主义行为对任务绩效和关系绩效的影响，与之前表中的模型2与模型4相同，为了便于比较回归系数的变化，将结果呈现在表5-33中。

表 5-33 活力在出勤主义行为与员工工作绩效之间的中介作用

模型		因变量：任务绩效			因变量：关系绩效		
		模型 1	模型 2	模型 3	模型 4	模型 5	模型 6
控制变量	性别	−0.072	−0.072	−0.067	−0.056	−0.056	−0.050
	年龄	0.092	0.092	0.083	0.006	0.006	−0.007
	婚姻	−0.008	−0.014	−0.019	−0.013	−0.013	−0.026
	学历	0.009	−0.005	0.019	0.002	−0.011	0.021
	职位	0.068	0.059	0.015	0.089	0.081	0.022
	企业成立年数	0.046	0.046	0.001	0.137②	0.134②	0.077
	企业所有制类型	0.163②	0.153②	0.109①	0.144③	0.136①	0.076
	行业类型	0.010	0.024	0.035	−0.013	−0.002	0.014
自变量	出勤主义行为		−0.116①	−0.070		−0.106①	−0.042
	活力			0.424③			0.564③
	R^2	0.033	0.047	0.218	0.033	0.043	0.348
	调整 R^2	0.017	0.026	0.202	0.016	0.025	0.334
	F 值	2.017①	2.318①	13.270③	2.009①	2.404①	25.310③
	ΔR^2	0.033	0.013	0.186	0.033	0.011	0.315
	VIF	<2	<2	<2	<2	<2	<2
	Durbin-Watson 检验		1.867	1.962		1.729	1.888

① $p<0.05$；② $p<0.01$；③ $p<0.001$。

先对共线性问题和序列相关性问题进行诊断，所有控制变量与研究变量的 VIF 值均在 2 以下，可见回归模型不存在共线性问题；模型 2、模型 3、模型 5 和模型 6 的 *DW* 值分别为 1.867、1.962、1.729 和 1.888，接近于 2，则回归模型不存在序列相关问题，表明回归结果具有一定的稳定性。

根据表 5-33 中结果可见：当因变量为任务绩效时，模型 3 是在模型 2 的基础之上加入活力这一中介变量，排除控制变量与出勤主义行为变量的影响，活力能够额外贡献即 R 方变化量为 18.6%的解释力，模型 3 的整体解释变异量显著性检验的 F 值为 13.270（$p=0.000<0.001$）。同时，出勤主义行为对于任务绩效的负向影响由原来模型 2 的负向显著（$\beta=-0.116$，$p=0.02<0.05$）变成模型 3 的负向不显著（$\beta=-0.07$，$p=0.091>0.05$），并且活力的回归系数显著（$\beta=0.424$，$p=0.000<0.001$），说明活力在出勤主义行为与任务绩效之间起到了完全中介的作用，假设 H4a-1：活力在出勤主义行为与任务绩效之间发挥中介作用成立。

当因变量为关系绩效时，模型 6 是在模型 5 的基础之上加入活力这一中介变量，排除控制变量与出勤主义行为变量的影响，活力能够额外贡献即 R 方变化量为 31.5%的解释力，模型 5 的整体解释变异量显著性检验的 F 值为 25.310（$p=0.000<0.001$）。同时，出勤主义行为对于关系绩效的负向影响由原来模型 5 的负向显著（$\beta=-0.106$，$p=0.02<0.05$）变成模型 6 的负向不显著（$\beta=-0.042$，$p=0.264>0.1$），并且活力的回归系数显著（$\beta=0.564$，$p=0.000<0.001$），说明活力在出勤主义行为与关系绩效之间起到了完全中介的作用，假设 H4a-2：活力在出勤主义行为与关系绩效之间发挥中介作用成立。

5.6.4.2 专注在出勤主义行为与员工工作绩效之间的中介作用检验

根据研究假设模型，分别以任务绩效、关系绩效为因变量，以出勤主义行为和专注为自变量，以行业类型、学历、工作年限、性别、职位、企业成立年数、企业所有制类型、婚姻和年龄为控制变量，建立层次回归模型，来检验出勤主义行为、专注对员工绩效（任务绩效和关系绩效）的影响假设。模型 2 和模型 5 分别描述了出勤主义行为对任务绩效和关系绩效的影响，与之前表中的模型 2 与模型 4 相同，为了便于比较回归系数的变化，将结果呈现在表 5-34 中。

表 5-34 专注在出勤主义行为与员工工作绩效之间的中介作用

模型		因变量：任务绩效			因变量：关系绩效		
		模型 1	模型 2	模型 3	模型 4	模型 5	模型 6
控制变量	性别	−0.072	−0.072	−0.037	−0.056	−0.056	−0.017
	年龄	0.092	0.092	0.062	0.006	0.006	−0.030
	婚姻	−0.008	−0.014	−0.017	−0.013	−0.013	−0.022
	学历	0.009	−0.005	0.020	0.002	−0.011	0.019
	职位	0.068	0.059	0.036	0.089	0.081	0.054
	企业成立年数	0.046	0.046	−0.039	0.137②	0.134②	0.038
	企业所有制类型	0.163②	0.153②	0.081	0.144②	0.136①	0.051
	行业类型	0.010	0.024	0.030	−0.013	−0.002	0.006
自变量	出勤主义行为		−0.116①	−0.074		−0.106①	−0.055
	专注			0.496③			0.576③
	R^2	0.033	0.047	0.280	0.033	0.043	0.359
	调整 R^2	0.017	0.026	0.265	0.016	0.025	0.346
	F 值	2.017①	2.318①	18.507③	2.009①	2.404①	26.623③
	ΔR^2	0.033	0.013	0.248	0.033	0.011	0.327
	VIF	<2	<2	<2	<2	<2	<2
	Durbin-Watson 检验		1.867	1.935		1.729	1.805

① $p<0.05$；② $p<0.01$；③ $p<0.001$。

先对共线性问题和序列相关性问题进行诊断，所有控制变量与研究变量的 *VIF* 值均在 2 以下，可见回归模型不存在共线性问题；模型 2、模型 3、模型 5 和模型 6 的 DW 值分别为 1.867、1.935、1.729 和 1.805，接近于 2，则回归模型不存在序列相关问题，表明回归结果具有一定的稳定性。

根据表 5-34 中结果可见：当因变量为任务绩效时，模型 3 是在模型 2 的基础之上加入专注这一中介变量，排除控制变量与出勤主义行为变量的影响，活力能够额外贡献即 R 方变化量为 24.8%的解释力，模型 3 的整体解释变异量显著性检验的 F 值为 18.507（$p=0.000<0.001$）。同时，出勤主义行为对于任务绩效的负向影响由原来模型 2 的负向显著（$\beta=-0.116$，$p=0.02<0.05$）变成模型 3 的负向不显著（$\beta=-0.074$，$p=0.063>0.05$），并且专注的回归系数显著（$\beta=0.496$，$p=0.000<0.001$），说明专注在出勤主义行为与任务绩效之间起到了完全中介的作用，假设 H4c-1：专注在出勤主义行为与任务绩效之间发挥中介作用成立。

当因变量为关系绩效时，模型 6 是在模型 5 的基础之上加入专注这一中介变量，排除控制变量与出勤主义行为变量的影响，活力能够额外贡献即 R 方变化量为 32.7%的解释力，模型 5 的整体解释变异量显著性检验的 F 值为 26.623（$p=0.000<0.001$）。同时，出勤主义行为对于关系绩效的负向影响由原来模型 5 的负向显著（$\beta=-0.106$，$p=0.02<0.05$）变成模型 6 的负向不显著（$\beta=-0.055$，$p=0.144>0.05$），并且活力的回归系数显著（$\beta=0.576$，$p=0.000<0.001$），说明专注在出勤主义行为与关系绩效之间起到了完全中介的作用，假设 H4c-2：专注在出勤主义行为与关系绩效之间发挥中介作用成立。

5.6.5　感知组织支持调节作用的实证检验

我们借鉴 Aliken（1991）的方法，来进一步验证感知组织支持的调节作用。首先，将自变量、调节变量对因变量进行回归，在此基础上，将自变量与调节变量的乘积对因变量进行回归，若回归系数显著，则存在调节作用。陈晓萍等（2008）指出，先将自变量和调节变量进行标准化处理，将标准化后的自变量和标注化后的调节变量相乘，以降低回归模型中的多重共线性问题。

5.6.5.1　上级支持在活力与员工工作绩效之间的调节作用

本研究采用 SPSS20.0 分析软件验证上级支持对活力与员工工作绩效之间的影响，分别以任务绩效和关系绩效为因变量，以活力、上级支持为自变量，以行业类型、学历、工作年限、性别、职位、企业成立年数、企业所有制类型、婚姻和年龄为控制变量，建立层次回归模型。模型 1 检验控制变量、活力和上级支持对任务绩效的影响，模型 2 是在模型 1 的基础上加入活力与上级支持的交互项，模型 3 是检验控制变量、活力和上级支持对关系绩效的影响，模型 4 是在模型 3

的基础上加入活力与上级支持的交互项。其中，活力和上级支持交互前都已经经过了中心化处理。

表5-35结果表明：先对共线性问题和序列相关性问题进行诊断，所有控制变量与研究变量的 *VIF* 值均在2以下，可见回归模型不存在共线性问题；模型2和模型4的 *DW* 值分别为1.954和1.869，接近于2，则回归模型不存在序列相关问题，表明回归结果具有一定的稳定性。

表5-35 上级支持在活力与员工工作绩效之间的调节作用

模型		因变量：任务绩效		因变量：关系绩效	
		模型1	模型2	模型3	模型4
控制变量	性别	−0.068	−0.069	−0.055	−0.056
	年龄	0.085	0.093	0.004	0.017
	婚姻	−0.024	−0.016	−0.052	−0.039
	学历	0.033	0.035	0.052	0.055
	职位	0.020	0.014	0.030	0.019
	企业成立年数	0.000	−0.003	0.068	0.064
	企业所有制类型	0.112①	0.118①	0.071	0.081
	行业类型	0.028	0.031	0.014	0.018
自变量	活力	0.406③	0.386③	0.446③	0.412③
	上级支持	0.045	0.048	0.209③	0.214③
	活力×上级支持		−0.061		−0.101②
	R^2	0.215	0.218	0.372	0.381
	调整 R^2	0.198	0.200	0.359	0.367
	F 值	12.997③	12.019③	28.146③	26.509③
	ΔR^2	0.182	0.003	0.339	0.009
	VIF	<2	<2	<2	<2
	Durbin-Watson 检验		1.954		1.869

① $p<0.05$；② $p<0.01$；③ $p<0.001$。

从模型1的结果看，活力对任务绩效存在显著的正向影响（$\beta=0.406$，$p<0.001$），上级支持对任务绩效不存在显著影响（$\beta=0.045$，$p>0.1$）；模型2在模型1的基础上引入活力和上级支持的交互项后，交互项对于任务绩效不存在显著影响（$\beta=-0.061$，$p>0.1$）。因此，假设H5a-1：上级支持在活力与任务绩效之间起正向调节作用不成立。

从模型3的结果看，活力和上级支持对关系绩效都存在显著的正向影响（$\beta=0.446$，$p<0.001$）（$\beta=0.209$，$p<0.001$）；模型4在模型3基础上引入活力

和上级支持的交互项后，交互项对于关系绩效存在显著负向影响（$\beta=-0.101$，$p<0.01$）。因此，假设 H5a-2：上级支持在活力与关系绩效之间起负向调节作用成立。

5.6.5.2 上级支持在奉献与员工工作绩效之间的调节作用

本研究采用 SPSS20.0 数据分析软件验证上级支持对奉献与员工工作绩效之间的影响，分别以任务绩效和关系绩效为因变量，以奉献、上级支持为自变量，以行业类型、学历、工作年限、性别、职位、企业成立年数、企业所有制类型、婚姻和年龄为控制变量，建立层次回归模型。模型 1 是检验控制变量、奉献和上级支持对任务绩效的影响，模型 2 是在模型 1 的基础上加入奉献与上级支持的交互项，模型 3 是检验控制变量、奉献和上级支持对关系绩效的影响，模型 4 是在模型 3 的基础上加入奉献与上级支持的交互项。其中，奉献和上级支持在生成交互项之前都已经经过了中心化处理。

表 5-36 结果表明：先对共线性问题和序列相关性问题进行诊断，所有控制变量与研究变量的 *VIF* 值均在 2 以下，可见回归模型不存在共线性问题；模型 2 和模型 4 的 *DW* 值分别为 1.920 和 1.869，接近于 2，则回归模型不存在序列相关问题，表明回归结果具有一定的稳定性。

表 5-36 上级支持在奉献与员工工作绩效之间的调节作用

模型		因变量：任务绩效		因变量：关系绩效	
		模型 1	模型 2	模型 3	模型 4
控制变量	性别	−0.057	−0.059	−0.038	−0.041
	年龄	0.076	0.079	−0.014	−0.007
	婚姻	−0.019	−0.018	−0.038	−0.035
	学历	0.030	0.030	0.042	0.043
	职位	0.041	0.036	0.048	0.036
	企业成立年数	0.030	0.026	0.105①	0.097①
	企业所有制类型	0.123①	0.127①	0.080	0.090①
	行业类型	0.013	0.016	−0.006	0.002
自变量	奉献	0.319③	0.300③	0.442③	0.395③
	上级支持	0.087	0.093	0.197③	0.210②
	奉献×上级支持		−0.049		−0.115②
	R^2	0.173	0.175	0.365	0.376
	调整 R^2	0.156	0.156	0.352	0.362
	F 值	9.967③	9.168③	27.336③	26.006③

续表 5-36

模 型		因变量：任务绩效		因变量：关系绩效	
		模型 1	模型 2	模型 3	模型 4
自变量	ΔR^2	0.173	0.002	0.35	0.11
	VIF	<2	<2	<2	<2
	Durbin-Watson 检验		1.920		1.869

① $p<0.05$；② $p<0.01$；③ $p<0.001$。

从模型 1 的结果看，奉献对任务绩效存在显著的正向影响（$\beta=0.319$，$p<0.001$），上级支持对任务绩效不存在显著影响（$\beta=0.087$，$p>0.1$）；模型 2 在模型 1 的基础上引入奉献和上级支持的交互项后，交互项对于任务绩效不存在显著影响（$\beta=-0.049$，$p>0.1$）。因此，假设 H5a-3：上级支持在奉献与任务绩效之间起负向调节作用不成立。

从模型 3 的结果看，奉献和上级支持对关系绩效都存在显著的正向影响（$\beta=0.442$，$p<0.001$）（$\beta=0.197$，$p<0.001$）；模型 4 在模型 3 基础上引入奉献和上级支持的交互项后，交互项对于关系绩效存在显著的负向影响（$\beta=-0.115$，$p<0.01$）。因此，假设 H5a-4：上级支持在活力与关系绩效之间起负向调节作用成立。

5.6.5.3 上级支持在专注与员工工作绩效之间的调节作用

本研究采用 SPSS20.0 数据分析软件验证上级支持对专注与员工工作绩效之间的影响，分别以任务绩效和关系绩效为因变量，以专注、上级支持为自变量，以行业类型、学历、工作年限、性别、职位、企业成立年数、企业所有制类型、婚姻和年龄为控制变量，建立层次回归模型。模型 1 是检验控制变量、专注和上级支持对任务绩效的影响，模型 2 是在模型 1 的基础上加入专注与上级支持的交互项，模型 3 是检验控制变量、专注和上级支持对关系绩效的影响，模型 4 是在模型 3 的基础上加入专注与上级支持的交互项。其中，专注和上级支持交互前都已经经过了中心化处理。

表 5-37 结果表明：先对共线性问题和序列相关性问题进行诊断，所有控制变量与研究变量的 *VIF* 值均在 2 以下，可见回归模型不存在共线性问题；模型 2 和模型 4 的 *DW* 值分别为 1.948 和 1.832，接近于 2，则回归模型不存在序列相关问题，表明回归结果具有一定的稳定性。

从模型 1 的结果看，专注对任务绩效存在显著的正向影响（$\beta=0.479$，$p<0.001$），上级支持对任务绩效不存在显著影响（$\beta=0.047$，$p>0.1$）；模型 2 在模型 1 的基础上引入专注和上级支持的交互项后，交互项对于任务绩效不存在显著影响（$\beta=-0.076$，$p>0.1$）。因此，假设 H5a-5：上级支持在专注与任务绩效之间起负向调节作用不成立。

表 5-37　上级支持在专注与员工工作绩效之间的调节作用

模型		因变量：任务绩效		因变量：关系绩效	
		模型 1	模型 2	模型 3	模型 4
控制变量	性别	-0.039	-0.043	-0.028	-0.032
	年龄	0.065	0.068	-0.012	-0.009
	婚姻	-0.023	-0.016	-0.054	-0.047
	学历	0.035	0.039	0.057	0.061
	职位	0.041	0.035	0.054	0.049
	企业成立年数	-0.040	-0.036	0.033	0.037
	企业所有制类型	0.085	0.093	0.048	0.057
	行业类型	0.024	0.027	0.009	0.013
自变量	专注	0.479②	0.439②	0.458②	0.414②
	上级支持	0.047	0.061	0.247②	0.261②
	专注×上级支持		-0.076		-0.084①
	R^2	0.277	0.281	0.399	0.404
	调整 R^2	0.261	0.264	0.386	0.390
	F 值	18.170②	16.854②	31.513②	29.243②
	ΔR^2	0.277	0.004	0.399	0.005
	VIF	<2	<2	<2	<2
	Durbin-Watson 检验		1.948		1.832

① $p<0.05$；② $p<0.001$。

从模型 3 的结果看，专注和上级支持对关系绩效都存在显著的正向影响（$\beta=0.458$，$p<0.001$）（$\beta=0.247$，$p<0.001$）；模型 4 在模型 3 的基础上引入专注和上级支持的交互项后，交互项对于关系绩效存在显著的负向影响（$\beta=-0.084$，$p<0.05$）。因此，假设 H5a-6：上级支持在专注与关系绩效之间起负向调节作用成立。

为了清楚的展示上级支持的调节作用，绘制上级支持对活力、奉献和专注与关系绩效作用的调节效应图，如图 5-1 所示，活力、奉献和专注对关系绩效的影响在上级支持水平较低时更强。可以解释为，当上级支持水平较低时，出勤主义行为带来的低活力、低奉献和低专注对关系绩效的负向影响更强烈。

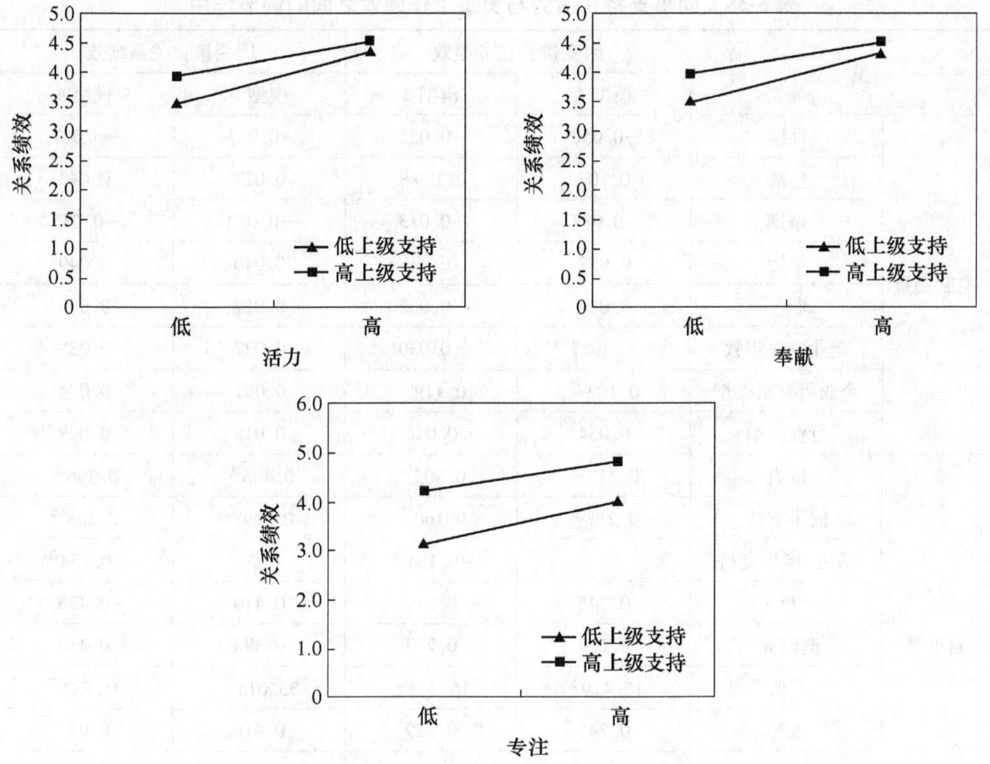

图 5-1　上级支持对活力、奉献和专注与关系绩效作用的调节效应图

5.6.5.4　同事支持在活力与员工工作绩效之间的调节作用

本研究采用 SPSS20.0 数据分析软件验证同事支持对活力与员工工作绩效之间的影响，分别以任务绩效和关系绩效为因变量，以活力、同事支持为自变量，以行业类型、学历、工作年限、性别、职位、企业成立年数、企业所有制类型、婚姻和年龄为控制变量，建立层次回归模型。模型 1 是检验控制变量、活力和同事支持对任务绩效的影响，模型 2 是在模型 1 的基础上加入活力与同事支持的交互项，模型 3 是检验控制变量、活力和同事支持对关系绩效的影响，模型 4 是在模型 3 的基础上加入活力与同事支持的交互项。其中，活力和同事支持交互前都已经经过了中心化处理。

分析表 5-38 结果表明：先对共线性问题和序列相关性问题进行诊断，所有控制变量与研究变量的 *VIF* 值均在 2 以下，可见回归模型不存在共线性问题；模型 2 和模型 4 的 *DW* 值分别为 1.974 和 1.853，接近于 2，则回归模型不存在序列相关问题，表明回归结果具有一定的稳定性。

表 5-38 同事支持在活力与员工工作绩效之间的调节作用

模型		因变量：任务绩效		因变量：关系绩效	
		模型 1	模型 2	模型 3	模型 4
控制变量	性别	−0.050	−0.051	−0.027	−0.027
	年龄	0.107	0.129①	0.027	0.043
	婚姻	−0.037	−0.013	−0.053	−0.035
	学历	0.037	0.050	0.040	0.049
	职位	0.014	−0.002	0.017	0.006
	企业成立年数	−0.027	−0.030	0.037	0.035
	企业所有制类型	0.102①	0.119①	0.061	0.074
	行业类型	0.034	0.048	0.018	0.029
自变量	活力	0.317②	0.305②	0.405②	0.396②
	同事支持	0.217②	0.160②	0.309②	0.268②
	活力×同事支持		−0.184②		−0.134②
	R^2	0.245	0.274	0.410	0.425
	调整 R^2	0.229	0.257	0.398	0.412
	F 值	15.429②	16.248②	33.014②	31.881②
	ΔR^2	0.245	0.029	0.410	0.015
	VIF	<2	<2	<2	<2
	Durbin-Watson 检验		1.974		1.853

① $p<0.05$；② $p<0.001$。

从模型 1 的结果看，活力对任务绩效存在显著的正向影响（$\beta=0.317$，$p<0.001$），同事支持对任务绩效存在显著正向影响（$\beta=0.217$，$p<0.001$）；模型 2 在模型 1 的基础上引入活力和同事支持的交互项后，交互项对于任务绩效存在显著正向影响（$\beta=-0.184$，$p<0.001$）。因此，假设 H5b-1：同事支持在活力与任务绩效之间起负向调节作用成立。

从模型 3 的结果看，活力和同事支持对关系绩效都存在显著的正向影响（$\beta=0.405$，$p<0.001$）（$\beta=0.309$，$p<0.001$）；模型 4 在模型 3 的基础上引入活力和同事支持的交互项后，交互项对于关系绩效存在显著的负向影响（$\beta=-0.134$，$p<0.001$）。因此，假设 H5b-2：同事支持在活力与关系绩效之间起负向调节作用成立。

5.6.5.5 同事支持在奉献与员工工作绩效之间的调节作用

本研究采用 SPSS20.0 数据分析软件验证同事支持对奉献与员工工作绩效之

间的影响，分别以任务绩效和关系绩效为因变量，以奉献、同事支持为自变量，以行业类型、学历、工作年限、性别、职位、企业成立年数、企业所有制类型、婚姻和年龄为控制变量，建立层次回归模型。模型 1 是检验控制变量、奉献和同事支持对任务绩效的影响，模型 2 是在模型 1 的基础上加入奉献与同事支持的交互项，模型 3 是检验控制变量、奉献和同事支持对关系绩效的影响，模型 4 是在模型 3 的基础上加入奉献与同事支持的交互项。其中，奉献和同事支持交互前都已经经过了中心化处理。

分析表 5-39 结果表明：先对共线性问题和序列相关性问题进行诊断，所有控制变量与研究变量的 *VIF* 值均在 2 以下，可见回归模型不存在共线性问题；模型 2 和模型 4 的 *DW* 值分别为 1.951 和 1.798，接近于 2，则回归模型不存在序列相关问题，表明回归结果具有一定的稳定性。

表 5-39　同事支持在奉献与员工工作绩效之间的调节作用

模　型		因变量：任务绩效		因变量：关系绩效	
		模型 1	模型 2	模型 3	模型 4
控制变量	性别	−0.040	−0.040	−0.013	−0.013
	年龄	0.103	0.116①	0.010	0.019
	婚姻	−0.033	−0.017	−0.041	−0.030
	学历	0.032	0.036	0.031	0.034
	职位	0.030	0.023	0.035	0.030
	企业成立年数	−0.006	−0.011	0.072	0.069
	企业所有制类型	0.111①	0.122①	0.071	0.078
	行业类型	0.022	0.031	0.000	0.006
自变量	奉献	0.228③	0.218③	0.394③	0.387③
	同事支持	0.255③	0.220③	0.297③	0.273③
	奉献×同事支持		−0.115②		−0.081③
	R^2	0.210	0.221	0.398	0.404
	调整 R^2	0.193	0.203	0.386	0.390
	F 值	12.613③	12.227③	31.464③	29.202③
	ΔR^2	0.210	0.011	0.398	0.005
	VIF	<2	<2	<2	<2
	Durbin-Watson 检验		1.951		1.798

① $p<0.05$；② $p<0.01$；③ $p<0.001$。

从模型 1 的结果看，奉献对任务绩效存在显著的正向影响（$\beta=0.228$，$p<0.001$），同事支持对任务绩效存在显著正向影响（$\beta=0.255$，$p<0.001$）；模型 2

在模型 1 的基础上引入奉献和同事支持的交互项后，交互项对于任务绩效存在显著影响（$\beta=-0.115$，$p<0.01$）。因此，假设 H5b-3：同事支持在奉献与任务绩效之间起负向调节作用成立。

从模型 3 的结果看，奉献和同事支持对关系绩效都存在显著的正向影响（$\beta=0.394$，$p<0.001$）（$\beta=0.297$，$p<0.001$）；模型 4 在模型 3 的基础上引入奉献和同事支持的交互项后，交互项对于关系绩效存在显著的负向影响（$\beta=-0.081$，$p<0.001$）。因此，假设 H5b-4：同事支持在奉献与关系绩效之间起负向调节作用成立。

5.6.5.6　同事支持在专注与员工工作绩效之间的调节作用

本研究采用 SPSS20.0 数据分析软件验证同事支持对专注与员工工作绩效之间的影响，分别以任务绩效和关系绩效为因变量，以专注、同事支持为自变量，以行业类型、学历、工作年限、性别、职位、企业成立年数、企业所有制类型、婚姻和年龄为控制变量，建立层次回归模型。模型 1 是检验控制变量、专注和同事支持对任务绩效的影响，模型 2 是在模型 1 的基础上加入专注与同事支持的交互项，模型 3 是检验控制变量、专注和同事支持对关系绩效的影响，模型 4 是在模型 3 的基础上加入专注与同事支持的交互项。其中，专注和同事支持交互前都已经经过了中心化处理。

分析表 5-40 结果表明：先对共线性问题和序列相关性问题进行诊断，所有控制变量与研究变量的 *VIF* 值均在 2 以下，可见回归模型不存在共线性问题；模型 2 和模型 4 的 *DW* 值分别为 1.989 和 1.811，接近于 2，则回归模型不存在序列相关问题，表明回归结果具有一定的稳定性。

表 5-40　同事支持在专注与员工工作绩效之间的调节作用

模　型		因变量：任务绩效		因变量：关系绩效	
		模型 1	模型 2	模型 3	模型 4
控制变量	性别	-0.030	-0.032	-0.003	-0.004
	年龄	0.082	0.097	0.009	0.017
	婚姻	-0.031	-0.011	-0.049	-0.039
	学历	0.036	0.031	0.038	0.036
	职位	0.033	0.028	0.042	0.039
	企业成立年数	-0.053	-0.042	0.011	0.017
	企业所有制类型	0.081	0.094	0.045	0.052
	行业类型	0.028	0.036	0.011	0.016

续表 5-40

模 型		因变量：任务绩效		因变量：关系绩效	
		模型 1	模型 2	模型 3	模型 4
自变量	专注	0.417③	0.360③	0.418③	0.388③
	同事支持	0.156③	0.130②	0.295③	0.282③
	专注×同事支持		−0.180③		−0.094①
	R^2	0.291	0.318	0.413	0.420
	调整 R^2	0.276	0.302	0.401	0.407
	F 值	19.491③	20.052③	33.428③	31.251③
	ΔR^2	0.291	0.027	0.43	0.007
	VIF	<2	<2	<2	<2
	Durbin-Watson 检验		1.989		1.811

① $p<0.05$；② $p<0.01$；③ $p<0.001$。

从模型 1 的结果看，专注对任务绩效存在显著的正向影响（$\beta=0.417$，$p<0.001$），同事支持对任务绩效存在显著正向影响（$\beta=0.156$，$p<0.001$）；模型 2 在模型 1 的基础上引入专注和同事支持的交互项后，交互项对于任务绩效存在显著负向影响（$\beta=-0.180$，$p<0.001$）。因此，假设 H5b-5：同事支持在专注与任务绩效之间起负向调节作用成立。

从模型 3 的结果看，专注和同事支持对关系绩效都存在显著的正向影响（$\beta=0.418$，$p<0.001$）（$\beta=0.295$，$p<0.001$）；模型 4 在模型 3 的基础上引入专注和同事支持的交互项后，交互项对于关系绩效存在显著的负向影响（$\beta=-0.094$，$p<0.05$）。因此，假设 H5b-6：同事支持在专注与关系绩效之间起负向调节作用成立。

为了清楚的展示同事支持的调节作用，绘制同事支持对活力、奉献和专注与任务绩效和关系绩效作用的调节效应图，如图 5-2~图 5-4 所示，活力、奉献和专注对任务绩效、关系绩效的影响在同事支持水平较低时更强。可以解释为，当同事支持水平较低时，出勤主义行为带来的低活力、低奉献和低专注对任务绩效、关系绩效的负向影响更强烈。

5.6.6 假设检验汇总

本研究以中国企业员工为研究对象，针对出勤主义行为、工作投入、感知组织支持和员工工作绩效之间关系进行了研究，提出了研究假设，并进行了规范的实证数据分析，现将假设检验结果汇总如表 5-41 所示。

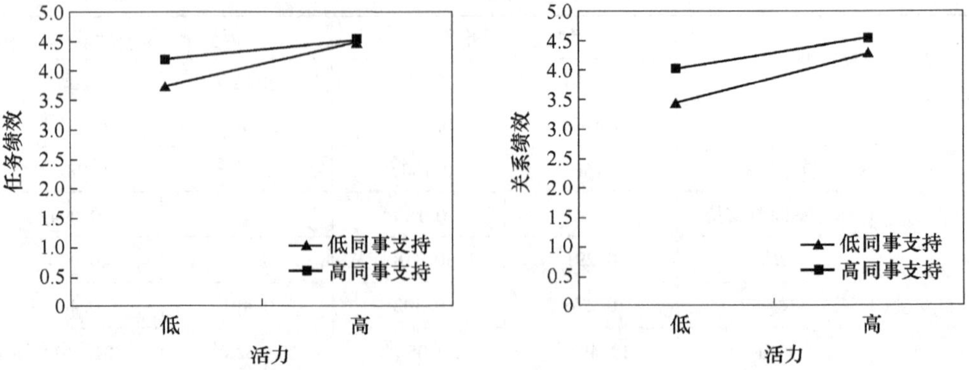

图 5-2　同事支持对活力与任务绩效、关系绩效作用的调节效应图

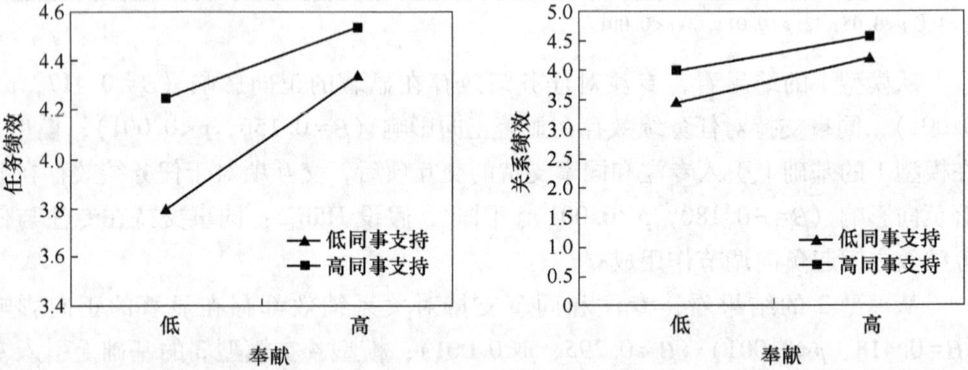

图 5-3　同事支持对奉献与任务绩效、关系绩效作用的调节效应图

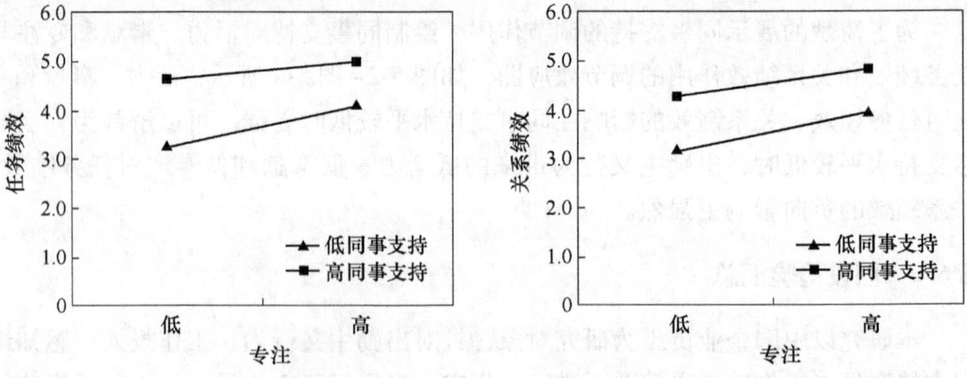

图 5-4　同事支持对专注与任务绩效、关系绩效作用的调节效应图

表 5-41 研究假设汇总

H1：出勤主义行为负向影响员工工作绩效	成立
H1-1：出勤主义行为负向影响员工任务绩效	成立
H1-2：出勤主义行为负向影响员工关系绩效	成立
H2：出勤主义行为负向影响员工工作投入	部分成立
H2-1：出勤主义行为负向影响员工活力	成立
H2-2：出勤主义行为负向影响员工奉献	不成立
H2-3：出勤主义行为负向影响员工专注	成立
H3：工作投入正向影响员工工作绩效	部分成立
H3a-1：活力正向影响员工任务绩效	成立
H3a-2：奉献正向影响员工任务绩效	不成立
H3a-3：专注正向影响员工任务绩效	成立
H3b-1：活力正向影响员工关系绩效	成立
H3b-2：奉献正向影响员工关系绩效	成立
H3b-3：专注正向影响员工关系绩效	成立
H4：工作投入在出勤主义行为与员工工作绩效之间发挥中介作用	部分成立
H4a-1：活力在出勤主义行为与任务绩效之间发挥中介作用	完全中介
H4a-2：活力在出勤主义行为与关系绩效之间发挥中介作用	完全中介
H4b-1：奉献在出勤主义行为与任务绩效之间发挥中介作用	不成立
H4b-2：奉献在出勤主义行为与关系绩效之间发挥中介作用	不成立
H4c-1：专注在出勤主义行为与任务绩效之间发挥中介作用	完全中介
H4c-2：专注在出勤主义行为与关系绩效之间发挥中介作用	完全中介
H5：感知组织支持的调节作用。高水平的感知组织支持可以缓解员工因出勤主义行为带来的低工作投入所导致的员工工作绩效下降的影响	部分成立
H5a-1：上级支持在活力与任务绩效之间起负向调节作用	不成立
H5a-2：上级支持在活力与关系绩效之间起负向调节作用	成立
H5a-3：上级支持在奉献与任务绩效之间起负向调节作用	不成立
H5a-4：上级支持在奉献与关系绩效之间起负向调节作用	成立
H5a-5：上级支持在专注与任务绩效之间起负向调节作用	不成立
H5a-6：上级支持在专注与关系绩效之间起负向调节作用	成立
H5b-1：同事支持在活力与任务绩效之间起负向调节作用	成立
H5b-2：同事支持在活力与关系绩效之间起负向调节作用	成立
H5b-3：同事支持在奉献与任务绩效之间起负向调节作用	成立
H5b-4：同事支持在奉献与关系绩效之间起负向调节作用	成立
H5b-5：同事支持在专注与任务绩效之间起负向调节作用	成立
H5b-6：同事支持在专注与关系绩效之间起负向调节作用	成立

5.7　结果与讨论

5.7.1　出勤主义行为对员工工作绩效的结果分析

关于出勤主义行为对员工工作绩效各维度的影响，实证结果从三个方面进行分析：一是出勤主义行为对任务绩效的影响；二是出勤主义行为对关系绩效的影响；三是从回归系数进行影响大小的比较。

出勤主义行为与任务绩效之间存在显著的负向影响（$\beta=-0.116$，$p<0.05$）意味着员工越是带病出勤工作，越会降低工作范围内的强制性生产活动，即任务绩效，这是因为任务绩效作为组织技术核心所做出的直接生产活动，对员工具有较高的技术性和专业性要求，需要全神贯注地投入到工作中才能避免出现差错造成麻烦。当员工带病工作时，无论病情的轻重，势必影响专注程度和精力的投入。当无法得到及时的恢复和治疗时甚至会加重病情，产生倦怠的情绪，相对于健康状态的生产力有所下降，因此会降低员工的任务绩效。

出勤主义行为与关系绩效之间存在显著的负向影响（$\beta=-0.106$，$p<0.05$），这意味着员工越是带病出勤工作，越会降低生产活动外的社会网络等自愿性沟通行为，即关系绩效。这是因为关系绩效是指生产活动以外的通过社会网络或人际组织沟通的相关行为，需要具有较强的灵活性和应变性。当员工带病工作时，会影响身体健康的同时更多的影响心理健康（Taloyan，2012），带来更多的负面情绪（Lu，2014），因此对于关系绩效的完成有一定的难度。

从出勤主义行为对任务绩效和关系绩效的回归系数来看，任务绩效的影响比关系绩效的影响更大。以两个绩效的概念角度来解释：任务绩效是角色内的强制性行为，它是工作范围内的高技术型生产活动，技巧、熟练和能力是完成任务绩效的基本要素，对员工完成度来说难度较大；而关系绩效是角色外的自愿行为，技术性不高灵活性比较大的工作，对员工来说相对较容易完成。当员工生病去工作时，尽管身体出现在工作场所，但注意力、身体状态、专注度和心情都会影响工作状态，因此，完成难度大的任务绩效相比完成难度小的关系绩效受到的影响更明显。这也验证了很多学者关于出勤主义行为会产生消极影响和降低生产力的观点（Hemp，2004；Strömberg，2017；Kinman & Holland，2018）。

综上，出勤主义行为对员工任务绩效和关系绩效都有显著负向影响。此外，从回归系数来看，出勤主义行为对任务绩效的影响相比对关系绩效影响更大，说明出勤主义行为的负面影响视工作性质的不同而不同。因此，研究出勤主义行为对员工工作绩效两个维度之间的影响，可以帮助组织和管理者更深入的了解出勤主义行为对绩效影响机制的具体方向和内容，对管理手段和方法上可以进行及时的调整，比如：当员工带病出勤时，可以减少其任务绩效的工作量，增加对关系绩效的期待等。

5.7.2 出勤主义行为对工作投入的结果分析

关于出勤主义行为对员工工作投入各维度影响，实证结果从四方面进行分析：一是出勤主义行为对活力维度的影响；二是出勤主义行为对奉献维度的影响；三是出勤主义行为对专注维度的影响；四是通过回归系数进行影响程度之间的对比。

出勤主义行为与工作投入中的活力维度之间存在显著的负向影响（$\beta=-0.113$，$p<0.05$），意味着员工越是带病出勤工作，越会降低员工工作的精力和心理韧性，会影响在工作中付出努力的意愿和面对困难时的坚持等态度，即活力。从对活力的定义可见，活力更侧重于描述工作投入中的生理层面。当员工带病出勤工作时，亚健康的身体状况与疾病会因为得不到很好的恢复与休息偏离与健康的距离，甚至变得糟糕，因此会影响充沛的工作精力。

出勤主义行为与工作投入中的专注维度之间存在显著的负向影响（$\beta=-0.089$，$p<0.05$），这意味着员工越是带病出勤工作，越会降低员工全身心融入工作时的开心状态，即专注。从专注的定义来看，专注更侧重于工作中的心流体验，对工作中融入工作状态的程度。当员工带病出勤工作时，身体状态受到负向的影响，处于亚健康状态的不仅仅是生理状况，同时精神状况也会影响，心流体验会下降或被阻断，产生恶性循环。

但出勤主义行为与工作投入中的奉献维度之间的负向影响不显著（$\beta=-0.032$，$p>0.1$），意味着员工带病出勤工作，与工作带给员工的自豪与挑战的感觉没有太大的关系。从奉献的定义来看，奉献更关注与员工的情感层面，对组织的归属感、自豪感、挑战工作的情感等。出勤主义行为本就是个体的自愿选择行为，既然员工选择了出勤而非缺勤，就表明了员工对组织的归属感。尽管生理上受到影响，但对组织的认同与情感影响较小。

从出勤主义行为对活力、奉献和专注影响的回归系数来看，活力的影响比专注的影响更大。这也恰好验证了活力的定义，即更侧重于生理层面的关注。带病出勤工作对生理层面的影响是最直接的，通过生理层面的影响进而影响精神层面，而对情感层面的影响比较小。奉献和关系绩效都是情感层面的维度，这也解释了出勤主义行为对关系影响较小的原因。

综上，出勤主义行为对活力和专注都有显著的负向影响，但对于奉献这个维度影响关系不显著。此外，从回归系数来看，出勤主义行为对活力的影响相比对专注的影响更大。因此，研究出勤主义行为对工作投入三个维度之间的影响，可以帮助组织和管理者细化出勤主义行为对绩效影响机制干扰路径，掌握整个干扰路径的影响内容，对管理方法提供借鉴。比如：当员工带病出勤时，管理者可以适时的调整工作任务，减少高活力高专注的工作，增加奉献层面的任务。

5.7.3　工作投入对员工工作绩效的结果分析

关于工作投入各维度对员工工作绩效各维度的影响，实证结果可以分两个部分进行分析。一种是从工作投入的三维度进行纵向比较：活力、奉献、专注对任务绩效影响之间的比较；活力、奉献、专注对关系绩效影响之间的比较；另一种是从工作绩效的两维度进行横向比较：活力对任务绩效和关系绩效之间的比较；奉献对任务绩效和关系绩效之间的比较；专注对任务绩效和关系绩效之间的比较（见图 5-5）。

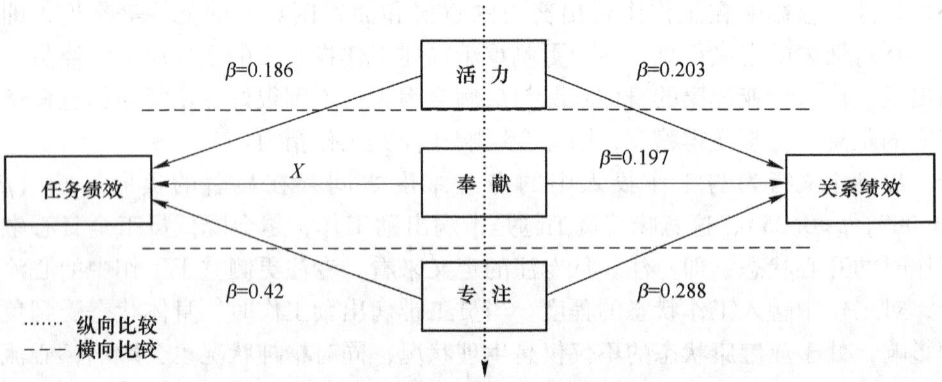

图 5-5　工作投入对员工工作绩效影响

5.7.3.1　从工作投入的三维度进行纵向比较

员工的任务绩效影响方面：工作投入中的活力、专注两个维度与任务绩效之间存在显著的正向影响（β=0.186，p<0.01；β=0.42，p<0.001），其中专注的影响程度大于专注活力，但奉献维度与任务绩效之间不存在显著的正向影响（β=0.074，p>0.1）。这意味着员工越是投入充沛的精力，或越是开心的融入工作状态，越是能够较好的完成工作范围内的生产活动任务，但是如果只有工作热情没有足够精力和较专注的工作状态，就不能够完成组织交给的工作范围内的生产活动任务。

员工的关系绩效影响方面：工作投入中的活力、奉献和专注三个维度与关系绩效之间存在显著的正向影响（β=0.203，p<0.001；β=0.197，p<0.01；β=0.288，p<0.001），其中专注对关系绩效的影响程度最大，活力对关系绩效的影响程度其次，奉献对关系绩效的影响程度最小。这意味着员工投入充沛的精力、拥有工作热情、开心的融入工作的专注状态，都能够帮助其完成工作范围外沟通等任务。

从工作投入的三维度进行纵向比较可知：员工在工作过程中全身心融入工作

的开心、专注状态（专注）对于工作范围内的生产任务以及组织间的网络关系等范围外的任务都有着很大的影响；员工在过程中投入的旺盛的精力和愿意努力付出的坚持（活力）对工作范围内的生产任务以及组织间的网络关系等范围外的任务也有较大的影响；员工拥有的工作热情和体验到的自豪感（奉献）只能帮助其提升工作范围外的网络沟通绩效，对于工作任务绩效影响有所限制。

5.7.3.2 从工作绩效的两维度进行横向比较

活力对工作绩效方面：活力对任务绩效、关系绩效都有显著的正向影响（$\beta=0.186$，$p<0.01$；$\beta=0.203$，$p<0.001$），从回归系数的大小来比较，活力对关系绩效的影响大于对任务绩效的影响。活力代表充沛的精力，以及愿意为工作付出努力的意愿，因此能更好地提高具有很强的灵活性和应变性的工作范围外的关系绩效，对于技术性和专业性要求较高的任务绩效影响较弱。

专注对工作绩效方面：专注对任务绩效、关系绩效都有显著的正向影响（$\beta=0.42$，$p<0.001$；$\beta=0.288$，$p<0.001$），从回归系数的大小来比较，专注对任务绩效的影响大于对关注绩效的影响。专注代表全身心融入工作的开心和专注状态，因此能更好地提高对于技术性和专业性要求较高的任务绩效；对具有很强的灵活性和应变性的工作范围外的关系绩效影响较弱。

奉献对工作绩效方面：奉献对任务绩效不存在显著的正向影响（$\beta=0.074$，$p>0.05$），奉献对关系绩效存在显著的正向影响（$\beta=0.197$，$p<0.01$）。奉献代表高度的工作热情和体验到的自豪感，因此能更好地提高具有很强的灵活性和应变性的工作范围外的关系绩效，而任务绩效要求具有较高的技术性和专业性，只有工作热情是不够的。

从工作绩效两维度进行横向比较可知：员工活力能够很好地提高具有很强灵活性和应变性的任务绩效，而对于技术性和专业性要求较高的关系绩效影响相对较弱；相反员工专注能够很好地提高技术性和专业性要求较高的任务绩效，而对于具有很强灵活性和应变性的关系绩效影响相对较弱；奉献只对关系绩效影响较明显。

综上，专注对工作绩效的正向影响显著且最大，其中任务绩效影响大于关系绩效影响；活力对工作绩效的正向影响显著且影响程度排在其次，其中关系绩效影响大于任务绩效；奉献只对关系绩效有显著的正向影响，影响程度最小，对任务绩效没有显著影响。因此，研究工作投入各维度对于工作绩效各维度的影响研究，可以帮助组织以及管理者为实施进一步提高员工工作绩效的措施提供意见和依据，比如管理者要想提高组织的任务绩效，需要重点关注员工工作投入中的专注程度；管理者要想提高组织的关系绩效，需要重点关注员工工作投入中的活力等。

5.7.4　工作投入中介作用的结果分析

针对工作投入各维度对出勤主义行为及员工工作绩效的中介作用检验，实证结果可以分两个部分进行分析。一种是工作投入（活力与专注）对出勤主义行为与员工任务绩效的中介作用；另一种是工作投入（活力与专注）对出勤主义行为与员工关系绩效的中介作用。由于出勤主义行为与奉献维度之间的负向关系不显著（$\beta=-0.032$，$p>0.1$），不符合验证中介作用的条件，因此不在分析的范围内。

在出勤主义行为与员工任务绩效之间，活力与专注都发挥着完全中介作用。出勤主义行为显著负向影响任务绩效（$\beta=-0.116$，$p<0.05$），其中：当同时引入活力和出勤主义行为后，活力对任务绩效显著（$\beta=0.424$，$p<0.001$），出勤主义行为变得不显著（$\beta=-0.07$，$p>0.05$），因此活力在出勤主义行为与员工任务绩效之间发挥完全中介作用；当同时引入专注与出勤主义行为后，专注对任务绩效显著（$\beta=0.496$，$p<0.001$），出勤主义行为变得不显著（$\beta=-0.074$，$p>0.05$），因此专注在出勤主义行为与员工任务绩效之间发挥完全中介作用。说明出勤主义行为对员工任务绩效的负向影响，全部是因为活力与专注发挥着中介作用，换句话说员工带病出勤工作降低了充沛的精力和全身心的专注度，从而降低了具有较高技术性和专业性的任务绩效。

同理，在出勤主义行为与员工关系绩效之间，活力与专注都发挥着完全中介作用。出勤主义行为显著负向影响关系绩效（$\beta=-0.106$，$p<0.05$），其中：当同时引入活力和出勤主义行为后，活力对任务绩效显著（$\beta=0.564$，$p<0.001$），出勤主义行为变得不显著（$\beta=-0.042$，$p>0.05$），因此活力在出勤主义行为与员工关系绩效之间发挥完全中介作用；当同时引入专注与出勤主义行为后，专注对关系绩效显著（$\beta=0.576$，$p<0.001$），出勤主义行为变得不显著（$\beta=-0.055$，$p>0.05$），因此专注在出勤主义行为与员工关系绩效之间发挥完全中介作用。说明出勤主义行为对员工关系绩效的负向影响，全部是因为活力与专注发挥着中介作用，换句话说员工带病出勤工作降低了充沛的精力和全身心的专注度，从而降低了具有灵活性和应变性的任务绩效。

综上，活力与专注在出勤主义行为与员工任务绩效之间发挥着完全中介作用；与员工关系绩效之间也发挥着完全中介作用；奉献在出勤主义行为与员工任务绩效、关系绩效之间不存在中介作用。因此，整个出勤主义行为研究的内在研究机制已经呈现出来，即出勤主义行为主要是通过降低了员工活力和专注，进而影响了任务绩效和关系绩效。出勤主义行为内在影响机制的研究可以帮助组织以及管理者更好的实施管理制度和管理行为提供意见和依据，比如重点关注员工工作投入中的活力和专注；可以缓解与干扰出勤主义行为对员工工作绩效的消极影响等。

5.7.5 感知组织支持调节作用的结果分析

5.7.5.1 上级支持的调节作用部分成立

高水平的上级支持能够缓解出勤主义行为带来的低工作投入对关系绩效的消极作用（前期假设成立），但不能缓解出勤主义行为带来的低工作投入对任务绩效的消极作用（前期假设不成立）。上级支持调节作用的具体路径分析图见图5-6中的路径1，我们认为出现上述复杂结果的原因有以下几个方面：

首先，受管理者地位或权力等特征限制。组织中的管理者因其地位与权力的不同，在组织中通常担任角色的发送者或指令的下达者；而员工相对管理者处于被管理或从属地位，通常担任角色的接受者或指令的接收者（彭坚，2016）。管理者在组织中行使管理权利时，通常会面临一定数量的员工或一个完整的团队。当团队中某一员工或几个员工处于带病出勤的状态工作时，组织或管理者出于自身心理和身体的健康、同事及其他员工的管理公平角度考虑，对于带病出勤员工的支持更多的会体现在精神层面，比如情感、语言方面的关怀与肯定，通过一定的管理与激励手段帮助员工不断克服困难完成工作任务。管理者的重心在于营造良好的组织活动氛围与环境，鼓舞团队或员工工作士气和热情，而非核心技术或具体业务层面给予实质上的替代与分担，这是理智的选择。

其次，Meyer 等人（2010）提出情景强度理论（situation strength theory）。当面对较高的任务复杂性或组织提出清晰的任务要求等高情景强度时，员工会表现出较为一致的行为（Mischel，1977）。可以解释为，当带病出勤的员工面对自身所肩负的任务复杂性时，或面对组织或管理者提出清晰的任务要求时，任务绩效的变异性受到了弱化，员工的表现会趋于一致（彭坚，2016）。员工要面对的是克服身体疾病的困难和难以恢复的现状，全神贯注、保质保量地完成工作任务的

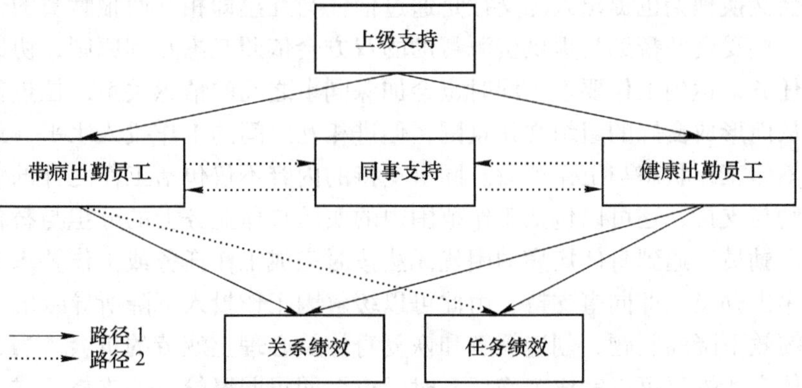

图 5-6 感知组织支持的调节效应路径图

问题，从而任务绩效受上级支持的影响相对不明显。

再次，受个体工作特征的影响。上级支持是否能够缓解员工出勤主义行为带来的低工作投入对任务绩效的消极作用，还应考虑员工工作特征、工作性质、工作进度、工作设计以及工作技能等各方面的具体因素（凌文辁，2006）。

George 和 Brief（1992）通过元分析进行了组织支持与绩效之间的影响研究，结果显示组织支持感与关系绩效相关较明显，与其他类型的绩效相关较小。因此组织支持感有助于提高角色外的关系绩效，员工会选择组织公民行为回报组织，而不是提高效率。Chen（2009）通过进行纵向研究，证实了组织支持感与角色外绩效（关系绩效）的正向关系。这与袁凌等人（2014）得出的观点相一致，他们基于资源保存理论对企业员工工作投入的相关问题进行了深入研究，提出组织层的资源投资能够通过员工信任影响工作投入和关系绩效。

5.7.5.2　同事支持的调节作用全部成立

高水平的同事支持既能够缓解出勤主义行为带来的低工作投入对关系绩效的消极作用，也能缓解出勤主义行为带来的低工作投入对任务绩效的消极作用（与我们的前期假设相同）。同事支持调节作用的具体路径分析图见图 5-6 中的路径 2，具体原因分析如下：

同事支持与上级支持的实施主体不同，意义与内容也大不相同。同事是企业员工的伙伴，从地位和权利上看是对等关系。资源保存理论提到员工得到足够工作资源的情况下，当员工积极主动的将获得的额外资源回报到有意义和有价值的地方，比如：积极给予有困难的同事实施帮助与关心等方式满足工作要求，就会提高自身、同事以及团队的工作投入的水平从而表现出良好的关系绩效。Halbesleben 等人（2009）提出当资源水平较高的员工表现出合作、建议和帮助等更多角色外行为时，这些行为本身也帮助团队其他成员提高了工作资源。

社会交换理论也提出人际交往是通过信任与互惠即相互回报默契的体系运作形成的，接受资源帮助与提供资源帮助的双方会依照互惠互利原则，协助双方完成工作任务，达到工作要求。同时也会加深同事之间的情感关系，拉近彼此之间距离，从而形成良好的组织文化氛围，促进相互之间的工作投入水平，最终完善组织的整体工作状态与工作绩效。同事支持的内容不仅包括工作之外的情感精神上的鼓励与支持，还可以包括工作范围内的实质具体业务上的分担与替代。因此当带病出勤员工遇到身体疾病的困扰无法按时完成工作任务或工作要求时，可以寻求健康出勤员工即同事支持，由此可以缓解因工作投入下降所导致的关系绩效和任务绩效下降的问题，创造缓解和恢复身体及心理上疲劳的机会。当带病出勤员工身体有所恢复可以完成工作任务时，也会回报同事给予的支持，或者将这种“资源”转移给其他需要帮助的同事，形成良性的和谐互助的组织文化氛围。

尤其是中国情景下，良好的人际关系、互助共赢的合作理念和崇高的集体主义利益一致是人们推崇的企业文化，建立这样团结、和谐的组织文化也是每个企业或管理者的目标。

5.8 本章小结

本章针对收回的 486 份有效调查问卷进行了大样本实证研究，运用 SPSS20.0 和 AMOS24.0 软件对提出的研究假设进行了验证与分析。首先，阐述了大样本的数据搜集方法并进行了描述性统计分析；其次，进行了信度和效度的检验以及共同方法偏差检验，具备很好的信度和效度，尽可能地降低了系统误差，有效地保证了数据的质量；再次，通过相关性分析和层次回归分析等实证检验，深入探讨了出勤主义行为对员工工作绩效的影响、出勤主义行为对工作投入的影响、工作投入对员工工作绩效的影响、工作投入的中介作用以及感知组织支持的调节作用，以及各维度之间的相互作用；最后，结合得出的结论进行进一步的分析。

第6章　研究结论与展望

本章将对出勤主义行为、感知组织支持、工作投入和员工工作绩效四个变量之间关系进行整理与归纳。首先，根据第5章的研究结果深入分析进一步提出研究结论；其次，阐述本研究对于组织或管理者在实际工作中的指导意义，为组织和企业管理者实施科学有效的管理制度和管理方法提供建议和依据；最后，结合本研究存在的不足和局限，提出未来研究发展方向。

6.1 研究结论

本研究以资源保存理论与JD-R模型、社会交换理论和组织支持理论为理论基础，搜集了来自太原、杭州、沈阳、北京、上海、武汉、佛山、长春和大连等9个城市486份企业员工的有效调查问卷，深入分析了出勤主义行为、工作投入、感知组织支持和员工工作绩效四个变量以及各维度之间相互作用的关系，共提出29个研究假设，其中22个假设成立，7个假设不成立，实证过程得到了较好的验证，也证明了研究结论的有效性和可靠性。

（1）出勤主义行为对员工工作绩效具有抑制作用。通过出勤主义行为与员工工作绩效各维度之间的关系研究可知，中国情境下出勤主义行为对工作绩效具有显著的负向影响，对任务绩效的影响大于对关系绩效的影响。首先，出勤主义行为与任务绩效之间存在显著的负向影响，这意味着当员工带病出勤工作时，不能够很好地完成强制性的、较高技术性和专业性的角色内工作任务，会降低员工的任务绩效。其次，出勤主义行为与关系绩效之间也存在显著的负向影响，这意味着当员工带病出勤工作时，同样不能较好的完成自愿的、有较强灵活性和应变性要求的角色外工作任务，会降低员工的关系绩效。最后，在对任务绩效和关系绩效影响程度的对比上看，出勤主义行为对任务绩效的影响程度更大。这也说明了出勤主义行为对员工工作绩效的消极影响受到工作特征的限制而不同。

因此，当管理者面对工作特征不同的员工带病出勤工作时，可以适时的进行工作调整，合理的分配任务绩效与关系绩效，以保证组织绩效的平衡。

（2）出勤主义行为对工作投入具有抑制作用。通过出勤主义行为与工作投入各维度之间的关系研究可知，出勤主义行为对工作投入具有显著的负向影响，其中：对活力的负向影响大于对专注的负向影响，对奉献没有显著影响。首先，出勤主义行为与活力维度之间存在显著的负向关系，活力关注个体的生理层面，这意味着当员工带病出勤工作时，充沛的精力和心理韧性会减弱，活力程度会下降。其次，出勤主义行为与专注维度之间也存在显著的负向关系，专注关注个体工作时的心流体验，这意味着当员工带病出勤工作时，全身心融入工作的开心状态会减弱，专注程度会下降。但出勤主义行为与奉献维度之间就不存在显著的负向关系，奉献关注个体的情感层面，这意味着虽然员工带病出勤工作，但不影响员工对企业的自豪感和归属感。最后，在对活力和专注影响程度的对比上来看，出勤主义行为对活力的负向影响较大。说明带病出勤工作这样的行为，对生理层面的影响是最直接也是最严重的，通过生理层面的影响进而影响精神层面，而对情感层面的影响比较小，即对活力影响程度最大，专注影响程度其次，奉献没有影响，这也验证了上一部分中出勤主义行为对关系影响较小的结论。

出勤主义行为与工作投入两个维度之间关系的研究，从个体行为对个体心理的研究角度，分析了出勤主义行为影响机制的重要心理过程。

（3）工作投入对员工工作绩效具有促进作用。工作投入各维度与员工工作绩效各维度之间的关系研究可知，除了工作投入的奉献维度对于任务绩效没有显著影响以外，工作投入其他两个维度对员工工作绩效有显著的正向影响，并且正向影响的程度有所区别。

一方面从工作投入的三维度进行纵向比较：活力、奉献和专注对关系绩效有显著的正向影响，专注的影响最大，活力的影响其次，奉献的影响最小；活力和专注对任务绩效有显著的正向影响，专注的影响最大，活力的影响最小，奉献对于任务绩效没有显著影响。说明不论是任务绩效还是关系绩效，专注的影响程度都是最大的，活力的影响次之。另一方面从工作绩效的两维度进行横向比较，活力对于任务绩效和关系绩效都有正向影响，其中对关系绩效的影响最大；专注对于任务绩效和关系绩效都有正向影响，其中对任务绩效的影响最大；奉献对于关系绩效有正向影响，对任务绩效没有显著影响。说明只有愿意为工作付出努力的意愿，没有专注的工作状态和充沛的精力，不能解决提高任务绩效的问题，但对关系绩效有所帮助。

总之，从管理者视角来分析：管理者要想提高员工工作绩效，应重点关注员工的专注和活力两个主要个体特质。首先要提高员工的心流体验即全身心融入工作的开心状态很重要，其次再保证员工的生理健康即充沛的精力。从员工视角来分析：较高关注力的员工，能够完成更多的任务绩效；较高活力的员工，能够完成较多的关系绩效；奉献精神较高的员工，可以分配其更多的关系绩效，以发挥其“特长”。

（4）工作投入在出勤主义行为与员工工作绩效关系中具有内在激励作用。工作投入活力和专注维度在出勤主义行为与员工工作绩效之间起到了完全中介作用，但工作投入的奉献维度在出勤主义行为与员工工作绩效之间不存在中介作用。在出勤主义行为与员工任务绩效之间，活力与专注都发挥着完全中介作用，可以解释为当员工带病出勤工作时，是因为降低了生理上充沛的精力和精神上全身心的专注度，从而减缓了角色内强制性专业性任务绩效的完成。同理，在出勤主义行为与员工关系绩效之间，活力与专注也都发挥着完全中介作用，可以解释为当员工带病出勤工作时，是因为降低了生理上充沛的精力和精神上全身心的专注度，从而减缓了角色外的灵活性关系绩效的完成。

因此，工作投入中介作用的检验，是从个体激励的角度进行的研究，呈现了整个出勤主义行为对员工工作绩效影响的机制与路径。影响路径是通过个体行为（出勤主义行为）影响了个体心理（工作投入），进而影响了行为结果（员工工作绩效），其中个体心理（工作投入）为影响机制提供了解释的渠道，展现了变量之间发生关系的内在作用机制。

（5）感知组织支持在工作投入与员工工作绩效关系中具有外在激励作用。上级支持和同事支持能够缓解出勤主义行为带来的低工作投入对关系绩效的消极作用，同事支持能够缓解出勤主义行为带来的低工作投入对任务绩效的消极作用，但上级支持不能缓解出勤主义行为带来的低工作投入对任务绩效的消极作用。

从上级支持的角度来看，上级支持能够缓解出勤主义行为带来的低工作投入对关系绩效的消极作用，但不能缓解出勤主义行为带来的低工作投入对任务绩效的消极作用。受职位和权利等工作特征的限制，组织中的管理者更多的承担着计划、组织、指挥、协调和控制等管理职能，是任务指令的下达者或分配者，与下属之间的相处模式更多的是沟通与交流，而不是替代或分摊。当团队中的员工带病出勤工作时，面对强制性的高技术性任务绩效，管理者通常不会亲自去分摊或替代，更多地从人性关怀的角度去鼓励和支持员工，否则有失对其他员工的公平，长期来看也会助长员工的惰性，破坏和谐的组织氛围。

从同事支持角度来看，同事支持既能够缓解出勤主义行为带来的低工作投入对关系绩效的消极作用，也能缓解出勤主义行为带来的低工作投入对任务绩效的消极作用。社会交换理论中的互惠原则提出人际交往的基础是建立在信任与互惠原则基础上的，当个体一方接受别人的资源后，也一定会以其他方式回报对方。同事与上级的职位与角色大有不同，团队内的同事由于工作关系对于彼此的业务范围和网络关系熟悉程度较高，沟通和交流的机会比较多。当团队中的成员带病出勤工作时，同事之间的分担与帮助能够减轻生病员工的心理与工作压力，加快其身体恢复的速度，促进良好的组织文化氛围，建立和谐的关系，提升组织的整体绩效。尤其在中国特有的文化背景下，互利共赢、互帮互助一直是人们推崇的价值观，这种相互促进的作用会更加明显。

个体行为结果既受到个体的影响，也受到环境的影响（叶宝娟，2011）。虽然，出勤主义行为会通过工作投入对员工工作绩效产生重要影响，但不可否认，这种影响一定存在差异，因此感知组织支持调节作用的检验就是从组织激励的角度进行的影响研究。通过结果分析可知，上级支持的调节作用效果不如同事支持调节作用效果范围广泛，因此，当管理者面对员工带病出勤工作这样问题的时候，应该充分发挥同事支持的巨大作用，其次结合自己的支持能力实施科学管理行为。

6.2 管理实践启示

本研究结果对企业管理具有重要的指导意义和实践价值。结合本研究实证分析结论可知，出勤主义行为与工作投入有显著的负向关系，对于员工工作绩效有显著的负向影响，不管对于个体的心理还是结果都产生了消极的影响。这也验证了国内外学者的观点，出勤主义行为被视为一种公共健康危害的消极行为（Widera、Chang & Chen，2010），它与未来的员工和组织不健康有着密切的联系（Irvine et al.，2011；Jena et al.，2010；Widera et al.，2010）。因此，重视员工的身心健康与提升组织成员的工作绩效同样是组织管理中的重要实践议题。通过中介变量（工作投入）和调节变量（感知组织支持）的引入，本章从内在激励和外在激励两个角度进行分析，为提升组织成员的工作绩效提供了新的思考，从中得出干预出勤主义行为消极影响实践的启示。

（1）改变观念，重视个体健康与组织支持。员工是组织重要的人力资源，面对全球市场激烈的竞争环境，企业之间的竞争就是人力资源的竞争，拥有强大的人力资源就掌握了核心的先进技术，能够带领企业健康稳步的长远发展。因此，留住和发挥人力资源的价值是帮助企业提高绩效的前提条件和关键因素。Luthans 和 Avilio（2013）提出心理资本与组织支持感是员工取得高绩效的必要条件。组织与管理者应该重视人力资源的管理与使用，不能一味地强调生产效率与产出，以单纯的增加员工收入和企业利润为组织追求目标是落后的理念。组织与管理者需要改变管理理念，将个体健康放在发展的首位，提供更科学完善的组织支持，让员工感受到并从中受益，这是提高个体绩效和组织绩效的关键，也是组织长远发展的条件。

个体健康包括心理上的健康与生理上的健康。健康的身体状态可以提供充沛的精力和体力，从生理上保障员工完成工作任务；拥有乐观、积极和阳光的心理状态，可以降低员工的工作压力和心理压力，能够勇敢的迎接挑战，承受变革的压力与风险，敢于创新突破自我，面对困难时坚持不懈，具有高度的自我激励。因此，个体健康能够影响员工的工作投入状态。组织支持感是员工感知到的来自组织或管理者或同事的关系、鼓励、帮助与支持，可以提高员工对组织的归属感与自豪感，是建立良好网络关系的纽带，充当个体的“加油站”和“避风港”。

当员工遇到困难或疲惫时，感知到的组织支持能够发挥至关重要的积极作用。

因此，组织与管理者应该改变管理理念。企业应该把员工的健康放在发展的首位，重视个体的身体健康和心理健康，这是影响个体绩效的首要条件，是企业长远发展的根本条件，也是心理资本的前提条件。此外，重视组织支持的重要性，让员工感受到更多的来自组织、管理者和同事的关心与支持，建立一套科学合理的激励体系与机制，从内在激励和外在激励等角度发挥更重要的作用。

（2）从内在激励角度提高个体积极特质。积极的人格特质在员工个人成长与组织发展中有着至关重要的作用，而且它可以随着工作环境、接触的人和经历的事情而改变。当工作环境是紧张、沉闷且勾心斗角的情况时，员工会感到压抑、消沉或低迷；当接触的同事或领导是悲观消极的状态时，员工难免也会多些抱怨和沮丧情绪；当员工在工作过程中得不到组织的认可或经常得到负面的评价时，则员工会出现降低工作投入，或增加离职倾向等反应。反过来，工作的环境、接触的人和经历的事情也会随着个体积极的特质而得到改善，它们的相互作用能够形成良性循环的关系。因此，从内在激励角度提高个体积极特质，可以提高员工改变的主动性，可以感染身边的同事，进而改变组织环境等。

首先，面试选拔环节关注个体积极特质并让其有所感知。面试选拔环节通常是企业给员工留下的“第一印象”，员工会通过走进企业更好地了解企业文化、工作环境、企业硬件设施，也会通过与面试官的直接交流了解企业的管理理念、管理者的关注重点和工作要求等信息。当管理者在面试员工的过程中提到与个体积极特质相关的词语，比如乐观、积极、坚韧、专注和勇敢等，会给员工留下深刻的印象。员工可以感知这是组织对员工的积极期待，也会在日后的工作中加强自己积极特质的培养与提高。

其次，员工培训环节提升员工心理资本。一方面从技能和专业上提供深造和学习的机会，提高专注的能力。企业在对员工日常培训的计划中，针对业务技能和专业水平给员工提供进修和深造的机会，通过与国内外知名企业、科研院校和企事业单位等机构交流与沟通，学习新的技术与知识，提供交流和展现自我能力的平台，促进员工个人发展，个体能力的提高有助于促进心理资本的形成，激发创新与工作热情，提高专注能力。另一方面关注员工积极品质的培养，制订培训计划，提高活力与奉献能力。开展高质量的团队文化活动，提高员工与团队的活力。比如定期开展全员的积极心理学、人际沟通和人际礼仪等方面讲座；集体观看具有积极正能量的影片；针对团队进行拓展训练等方式。此外，鼓励员工参与到组织的制度制定和总体规划制定中，时刻关注个体的诉求，提升员工的主人翁、奉献精神。通过提高活力、奉献和专注的训练，培养积极看待问题的态度，提高解决问题能力等积极特质。

最后，将积极品质的因素纳入测评和考核环节。日常测评和考核是检验员工工作结果的重要方式，员工可以通过测评和考核的程序、方法、项目和分数等细节了解组织对于员工发展的指导方向。测评和考核的内容不仅应该包括定量的任务绩效指标；也应该包括定性的关系绩效指标，将个体的积极品质因素纳入测评和考核体系，可以提高个体甚至管理者对于积极品质的重视，进行全方位的评价与管理。此外，这也是一个沟通和反馈的重要渠道，通过考核结果及时的反映个体或组织存在的问题，调整工作发展方向。

（3）从外在激励角度增强组织支持力度。感知组织支持是从外在激励的角度在员工工作过程中提供充分的政策、物质、精神和技术等方面的支持，为激发员工工作投入和促进组织支持等方面起到了关键作用。以下从组织战略规划、组织制度以及管理者等三个方面进行分析。

一是关注长远发展，制定员工健康提升计划。员工健康提升计划（Workplace Health Program，简称 WHP）指的是为预防、减少和消除健康危害，保持和促进工作能力的计划，以此来保障员工的身体、心理和社会等各方面的健康因素与活力、精力和身体状况相关的健康习惯（Naumanen，2006）。世界卫生组织呼吁企业能够开展健康促进计划，在过去的 30 年终于有了显著的发展，各个国家开始了针对于 WHP 项目的组建与研究，但 WHP 的规模和组成有很大差异。以美国疾病控制和预防中心站的 WHP 项目为例，它与国家卫生机构、学术机构、雇主和其他关键团体合作联盟，共同制定、建立和促进有效的计划、政策、福利和环境支持等战略计划，帮助管理者改善员工的健康、安全和福利，应对多种风险因素和健康状况，达到改善工作环境中的健康为目标。Kuoppala（2008）与他的同事通过检索梳理 1970~2005 年的 1312 篇文献资料进行了 WHP 与员工幸福感、工作能力等之间的关系，结果发现锻炼身体等 WHP 可以提高员工的工作能力。Cancelliere（2011）通过大量的实证调查研究，针对 WHP 能否影响出勤主义行为进行了深入分析和研究，提出了对于出勤主义行为有重要影响的具体的员工健康提升计划的制订条目。比如：让员工/主管/经理参与到 WHP 的项目制订中来；使用 HRAs 或其他方法进行员工的筛查；提高主管对员工心理健康的重视；允许员工在工作时间内进行体育锻炼或单独制订计划；增加长时间站立的员工休息的频率和时间等细则。

我国关于企业员工健康促进计划仍处于摸索阶段。2014 年总部位于上海的 CEO Roundtable on Cancer 中国项目部联袂上海儿童医学中心、世界健康基金会共同在上海儿童医学中心成立“CEO 抗癌黄金标准中国旗舰实践基地”，标志着在国内率先启动“医护员工健康促进计划”。但这主要针对医护人员健康促进计划，我国官方的 WHP 项目数量以及与 WHP 主题相关研究的数量还很少，还需要企业结合自身实际情况制定适合的科学的具体计划措施。

二是定期轮岗制度，提高工作投入和同事支持。员工长期面对枯燥、单调的工作时，会产生倦怠的消极情绪。当处于带病出勤工作特殊情景时，这种消极情绪会加重或恶化。华为和索尼公司很早就采用了轮岗制度，尤其针对知识型员工，进行定期或不定期的岗位轮换，可以激发员工的创新思维，调动工作热情提升工作能力，提高对新鲜事物的专注程度。此外，在岗位轮换过程中可以接触更多的同事，提供沟通与交流的平台，当员工因病无法完成工作任务时，同事支持会发挥重要的作用。

首先，轮岗制度的前提视人员特征而定。针对新入职的员工，岗位轮换的频率可以高一些，这样可以帮助新员工快速了解企业的文化环境，熟悉同事建立良好的工作关系；针对老员工尤其是年龄比较长的员工，岗位轮换要视其岗位性质和工作内容而定，避免出现无法快速适应新岗位和新任务，带来更大的经济成本；针对男性或女性多的团队，可以轮换些不同性别的员工，利用性别特征优势提高员工的活力等工作投入，促进同事之间支持。其次，轮岗制度的前提视岗位特征而定。轮岗的范围选择应考虑在技术水平和能力要求相近的岗位之间进行，否则会因无法快速适应新岗位而降低工作投入。同时针对高活力高奉献特征的员工赋予更多的灵活性和应变性的关系绩效，高专注特征的员工赋予更多的技术性和专业性的任务绩效，发挥各自特长，会促进员工的工作投入以及工作绩效。最后，工作内容的扩大化和多样化。针对不能够频繁轮岗的高技术岗位，可以采用横向扩大工作量的方式，了解同部门同岗位的工作内容，培养多种技能，增进同事之间技术交流和情感沟通。这样当某一员工遇到困难的时候，同事之间可以相互补位和提供帮助，形成和谐向上的组织氛围，将对工作绩效的影响降到最低。

总之，岗位轮换制度不但可以提高员工的活力、奉献和专注的特质，也有助于同事之间的相互交流与合作，促进同事支持，营造良好的组织氛围，提高个人绩效和组织整体绩效。

三是提高管理水平，促进组织支持与同事支持。管理者是工作任务指令的下达者，也是工作任务的分配者，与员工之间有密切的关系。管理者的管理行为与管理水平严重影响着员工的心理变化与行为方向，它既可以是员工努力工作的动力，也是员工离职倾向的源头。通过本研究的实证发现，虽然上级支持相比同事支持的调节作用效果较小，但上级支持是同事支持的来源。当所有成员感受到高水平的上级支持时，身体健康的同事会将额外的资源转移给需要帮助的带病出勤工作的员工，协助其完成工作任务，加速其恢复身体健康。根据社会交换理论中的互惠原则，当带病出勤员工身体得到恢复后，也会回报帮助过他的同事或其他需要帮助的员工，由此形成良好的组织互助氛围，促进员工之间的沟通与交流，提高整体的组织绩效，这也是上级支持的重要所在。管理者在实施管理的过程中可以采取“柔性”的管理策略：

首先，体现在生活和工作中的人文关怀。体现以人为本和人性化的管理方式，管理者需要从员工的角度出发，提高自身共情能力，关注员工的发展期望和需求，提供个人发展的平台与空间。从生活上给予员工更多的关心与照顾，关注员工的家庭生活状态，及时了解遇到的困难与问题。工作上给予技术性的指导和鼓励，可以激发员工的工作热情以及对于组织的归属感，提高工作满意度与组织承诺。

其次，体现在科学的分配工作任务。管理者可以根据员工特质的不同进行科学合理的任务分配，根据工作投入与工作绩效之间关系的结果，当面对具备高活力、高奉献特征的员工分配重点在于灵活性较强应变要求较高的关系绩效上；当面对具备高专注的员工分配重点在与技术性和专业性较高的任务绩效上，各取所长，发挥员工特质的最大功效。根据出勤主义行为对工作绩效之间关系的结果，当员工带病出勤工作时，及时调整工作任务，增加关系绩效或减少任务绩效。

最后，营造和谐的组织文化环境。上级支持与同事支持既是和谐组织文化环境的影响因素，也是和谐组织文化环境的影响结果，他们是相辅相成、相互促进的关系。具体而言，管理者可以通过一些培训活动、拓展训练、市外郊游、年终汇演等宣传沟通机制来促进领导者和员工形成共同的角色期待，树立共同的工作目标，提高组织凝聚力。

6.3 研究局限与展望

出勤主义行为至今仍是管理学、组织行为学和心理学的新兴研究领域，尤其在国内的研究更是很少，现存的文献大多集中于公共职业卫生健康和医学等学科。虽然近年来研究力量已经逐渐向管理学、经济学等跨学科领域拓展，但研究范围、研究方法和研究视角仍受到很大限制。在作者的整个研究过程中，从大量国内外文献资料的梳理、严谨仔细的完成调查问卷的设计和认真把控调查问卷的发放与回收，来保证调查数据的真实性和有效性。通过运用一系列规范严格的实证研究方法，确保研究结果的可靠性和科学性。尽管如此，本研究仍存在一些不足以及有待完善的地方，希望在未来的研究中能够得到完善和发展。

第一，测量方法单一，需要创新。本研究在对出勤主义行为、工作投入、感知组织支持和员工工作绩效四个变量的测量上采用的是自我报告式的调查问卷，通过被试者的回忆来完成问卷的填写。尽管在设计问卷、发放问卷和填写问卷的过程采取了很多措施，如：通过学术团队、学者专家和行业管理者等沟通确定调查问卷；跨地域跨行业发放调查问卷；亲自或委托亲密的朋友发放问卷；给予被试者精美礼品或红包等作为感谢等，但在回答问题的准确性、社会赞许性以及作假倾向都会影响到在具体问题上的得分，数据仍然容易出现偏差，存在潜在影响的担忧（Zhou 等，2016）。今后的研究中，可以尝试多种测量方式，如采用纵向多时点的样本数据（孙健敏，2015）；随机对照试验方法（randomized controlled trial）（Michishita & Justesen，2017）；管理者与员工互评的多源头数据方法；案例研究方法；增大样本的数量（Karanika-Murray，2015）；定量与定性结合的测量方法（Yang，2015）等。从不同测量工具、不同角度、不同学科和不同研究方法上进行理论和实践的创新，提高研究结论的普适性和有效性。

第二，本土化量表有待开发。本研究四个变量的测量量表都是以国外已实证过的成熟量表为基础进行的研究与分析：出勤主义行为采用的是汉化后 SPS-6 量表（Koopman，2002）；工作投入采用的是汉化后的 UWES-9 量表（Schaufeli，2006）；感知组织支持以汉化后的两维度量表为基础（Yoon J & Lim J C，1999）；员工工作绩效采用的是汉化后的任务绩效—关系绩效二因素量表（Borman & Motowidlo，1993）等。虽然所有量表不管在信度、效度以及内部一致性得到了较好的验证，但从量表的开发时间上看距现在比较久远，因此如果能够开发当前社会背景下具有本土特点的量表将会更有跨时代的研究意义。

第三，研究范围有待拓展。一方面是环境条件精细化方面。考虑到出勤主义行为的自愿选择性，本研究将概念限定为“当员工面对轻微和非严重疾病时，尽管身体感到不适，但仍然选择参加工作的行为”，对于研究内容和研究结果有一定限制。目前的研究结果可能不适用于患有慢性疾病的被调查者，对他们来说长期的出勤可能与不同的情感-动机结果有关。今后的研究应该根据环境、条件进行精细化分析和研究，比如：不同的健康状况、疾病种类或严重程度下；短期和长期的研究期限内；不同的企业类型（国企或私企）；不同的行业类型（制造业或服务业）；不同的研究对象（管理者或基层员工）等，有助于拓展出勤主义行为影响机制的研究。另一方面是变量的多样化方面。我们研究的是出勤主义行为、工作投入、感知组织支持和员工工作绩效之间的关系，对于出勤主义对员工工作绩效的研究未来还可以通过其他中介变量和调节变量，比如领导行为、组织承诺、工作满意度和自我效能感等；同时，对于出勤主义行为的影响结果研究可以向除了员工工作绩效之外的其他因变量进行扩展。因此，不同的情景条件，不同的变量或变量间的交互作用对充实出勤主义行为影响机制会有重大意义。

附　录

附录 1　预调查问卷

尊敬的女士/先生：

您好！非常感谢您在百忙之中抽出时间参与我们的调查！这是关于员工工作状态的调查问卷，问卷的答案无所谓对错，仅用于学术研究，我们承诺对信息严格保密。您的回答对研究结论具有至关重要的影响，请根据实际情况进行客观回答。如果您对本研究的结论感兴趣，请在问卷结尾处注明您的通信方式，届时我们会将研究成果及时发给您。非常感谢您的支持！

首先，请问：您是一位乐于助人的人吗？　　　是□　　　否□

子问卷 1

下面是关于您工作结果的一些陈述，请在与您实际情况吻合的相应数字序号上打“√”（①代表“完全不赞同”；⑤代表“完全赞同”，从①到⑤表示从“完全不赞同”到“完全赞同”逐渐变化的过程）。

题　项	完全不赞同	比较不赞同	中性	比较赞同	完全赞同
JP1-1 我可以准确的完成自己的工作目标	①	②	③	④	⑤
JP1-2 我总是按时完成分派给我的工作任务	①	②	③	④	⑤
JP1-3 我能够高质量地完成工作	①	②	③	④	⑤
JP1-4 我对工作时间有较高的利用率	①	②	③	④	⑤
JP2-1 我愿意留在本部门继续工作	①	②	③	④	⑤
JP2-2 我工作格外努力	①	②	③	④	⑤
JP2-3 我总是能够主动帮助他人完成工作	①	②	③	④	⑤
JP2-4 我经常能够主动承担本职工作以外的其他工作	①	②	③	④	⑤

子问卷 2

下面是关于工作投入状态的一些陈述，请在与您实际情况吻合的相应数字上打“√”（①代表“完全不赞同”；⑤代表“完全赞同”，从①到⑤表示从“完全不赞同”到“完全赞同”逐渐变化的过程）。

题　　项	完全不赞同	比较不赞同	中性	比较赞同	完全赞同
WE1-1 工作时，我觉得干劲十足	①	②	③	④	⑤
WE1-2 早上起床时，我很乐意去上班	①	②	③	④	⑤
WE1-3 工作时，我感到精力充沛	①	②	③	④	⑤
WE2-1 我为自己所从事的工作感到骄傲	①	②	③	④	⑤
WE2-2 我所做的工作能够激励我	①	②	③	④	⑤
WE2-3 我对自己的工作非常热衷	①	②	③	④	⑤
WE3-1 当我工作时，我满脑子就只有工作	①	②	③	④	⑤
WE3-2 当我工作时，时间总是不知不觉就过去了	①	②	③	④	⑤
WE3-3 当我全身心投入工作时，我感到快乐	①	②	③	④	⑤

子问卷 3

下面是关于企业制度等问题的陈述，请在与您实际情况吻合的相应数字上打“√”（①代表“完全不赞同”；⑤代表“完全赞同”，从①到⑤表示从“完全不赞同”到“完全赞同”逐渐变化的过程）。

题　　项	完全不赞同	比较不赞同	中性	比较赞同	完全赞同
SS1-1 单位制度保障了我获得工作必需的培训	①	②	③	④	⑤
SS1-2 单位制度为我的学习进修提供资助	①	②	③	④	⑤
SS1-3 领导会为我的学习进修提供便利	①	②	③	④	⑤

续表

题　　项	完全不赞同	比较不赞同	中性	比较赞同	完全赞同
SS1-4 领导对于人员配备和工作量的匹配能够做出合理安排	①	②	③	④	⑤
SS1-5 领导愿意倾听我工作中遇到的问题	①	②	③	④	⑤
SS3-1 团队成员愿意帮助我解决工作中遇到的问题	①	②	③	④	⑤
SS3-2 工作中团队成员和我配合默契	①	②	③	④	⑤
SS3-3 团队成员为我的工作提出意见和建议	①	②	③	④	⑤

子问卷4

下面是一些关于工作挑战性的陈述，请在与您实际情况吻合的相应数字上打"√"（①代表"完全不赞同"；⑤代表"完全赞同"，从①到⑤表示从"完全不赞同"到"完全赞同"逐渐变化的过程）。

题　　项	完全不赞同	比较不赞同	中性	比较赞同	完全赞同
PS1 在过去的1个月里，因为健康原因，我的工作压力更加难以调节了	①	②	③	④	⑤
PS2 在过去的1个月里，因为健康原因，我没法完成工作中难度大的任务	①	②	③	④	⑤
PS3 在过去的1个月里，尽管健康方面有问题，我仍然能集中精神完成工作	①	②	③	④	⑤
PS4 在过去的1个月里，因为健康原因，我觉得根本不可能开展某些工作任务	①	②	③	④	⑤
PS5 在过去的1个月里，因为健康原因，让我不能从工作中得到乐趣	①	②	③	④	⑤
PS6 在过去的1个月里，尽管健康方面有问题，我仍然觉得精力充沛，可以完成所有工作	①	②	③	④	⑤

子问卷 5：基本信息

一、个人基本信息（仅用于样本特征统计）

1. 您的性别：　□男　　□女
2. 您的年龄：（　　）周岁
3. 您的婚姻状况：□已婚　　□未婚　　□其他
4. 您的学历：
   □初中及以下　□高中（中专）　□高职（大专）
   □本科　□硕士及以上
5. 您在本公司的职位：
   □普通行政职员　□技术型员工　□基层管理者
   □中层管理者　□高层管理者
6. 您在目前公司的工作年限：
   □1~3 年　□4~6 年　□7~9 年　□10 年及以上
7. 您当前有无影响工作的急性或慢性疾病：□有　□没有

二、企业基本信息

1. 企业成立年数：
   □1~3 年　□4~6 年　□7~9 年　□10 年及以上
2. 企业所有制类型：
   □国有及国有控股企业　□民营及民营控股企业　□中外合资企业
   □外资及外资控股企业　□其他
3. 企业所属行业：
   □电子信息高科技行业　□钢铁和机械制造行业　□农林牧渔业
   □建筑和房地产行业　□医疗化工行业　□商业服务业
   □科教体育卫生行业　□其他

问卷到此结束，再次感谢您的配合和支持！

附录2　正式调查问卷

尊敬的女士/先生：

您好！非常感谢您在百忙之中抽出时间参与我们的调查！这是关于员工工作状态的调查问卷，问卷的答案无所谓对错，仅用于学术研究，我们承诺对信息严格保密。您的回答对研究结论具有至关重要的影响，请根据实际情况进行客观回答。如果您对本研究的结论感兴趣，请在问卷结尾处注明您的通信方式，届时我们会将研究成果及时发给您。非常感谢您的支持！

首先，请问：您是一位乐于助人的人吗？　　　　是□　　　　否□

子问卷1

下面是关于您工作结果的一些陈述，请在与您实际情况吻合的相应数字序号上打"√"（①代表"完全不赞同"；⑤代表"完全赞同"，从①到⑤表示从"完全不赞同"到"完全赞同"逐渐变化的过程）。

题　项	完全不赞同	比较不赞同	中性	比较赞同	完全赞同
JP1-1 我可以准确的完成自己的工作目标	①	②	③	④	⑤
JP1-2 我总是按时完成分派给我的工作任务	①	②	③	④	⑤
JP1-3 我能够高质量地完成工作	①	②	③	④	⑤
JP1-4 我对工作时间有较高的利用率	①	②	③	④	⑤
JP2-1 我愿意留在本部门继续工作	①	②	③	④	⑤
JP2-2 我工作格外努力	①	②	③	④	⑤
JP2-3 我总是能够主动帮助他人完成工作	①	②	③	④	⑤
JP2-4 我经常能够主动承担本职工作以外的其他工作	①	②	③	④	⑤

子问卷 2

下面是关于工作投入状态的一些陈述，请在与您实际情况吻合的相应数字上打“√”（①代表“完全不赞同”；⑤代表“完全赞同”，从①到⑤表示从“完全不赞同”到“完全赞同”逐渐变化的过程）。

题　项	完全不赞同	比较不赞同	中性	比较赞同	完全赞同
WE1-1 工作时，我觉得干劲十足	①	②	③	④	⑤
WE1-2 早上起床时，我很乐意去上班	①	②	③	④	⑤
WE1-3 工作时，我感到精力充沛	①	②	③	④	⑤
WE2-1 我为自己所从事的工作感到骄傲	①	②	③	④	⑤
WE2-2 我所做的工作能够激励我	①	②	③	④	⑤
WE2-3 我对自己的工作非常热衷	①	②	③	④	⑤
WE3-1 当我工作时，我满脑子就只有工作	①	②	③	④	⑤
WE3-2 当我工作时，时间总是不知不觉就过去了	①	②	③	④	⑤
WE3-3 当我全身心投入工作时，我感到快乐	①	②	③	④	⑤

子问卷 3

下面是关于企业制度等问题的陈述，请在与您实际情况吻合的相应数字上打“√”（①代表“完全不赞同”；⑤代表“完全赞同”，从①到⑤表示从“完全不赞同”到“完全赞同”逐渐变化的过程）。

题　项	完全不赞同	比较不赞同	中性	比较赞同	完全赞同
SS1-1 单位制度保障了我获得工作必需的培训	①	②	③	④	⑤
SS1-2 单位制度为我的学习进修提供资助	①	②	③	④	⑤
SS1-3 领导会为我的学习进修提供便利	①	②	③	④	⑤

续表

题 项	完全不赞同	比较不赞同	中性	比较赞同	完全赞同
SS1-4 领导对于人员配备和工作量的匹配能够做出合理安排	①	②	③	④	⑤
SS3-1 团队成员愿意帮助我解决工作中遇到的问题	①	②	③	④	⑤
SS3-2 工作中团队成员和我配合默契	①	②	③	④	⑤
SS3-3 团队成员为我的工作提出意见和建议	①	②	③	④	⑤

子问卷4

下面是一些关于工作挑战性的陈述，请在与您实际情况吻合的相应数字上打“√”（①代表“完全不赞同”；⑤代表“完全赞同”，从①到⑤表示从“完全不赞同”到“完全赞同”逐渐变化的过程）。

题 项	完全不赞同	比较不赞同	中性	比较赞同	完全赞同
PS1 在过去的1个月里，因为健康原因，我的工作压力更加难以调节了	①	②	③	④	⑤
PS2 在过去的1个月里，因为健康原因，我没法完成工作中难度大的任务	①	②	③	④	⑤
PS3 在过去的1个月里，尽管健康方面有问题，我仍然能集中精神完成工作	①	②	③	④	⑤
PS4 在过去的1个月里，因为健康原因，我觉得根本不可能开展某些工作任务	①	②	③	④	⑤
PS5 在过去的1个月里，因为健康原因，让我不能从工作中得到乐趣	①	②	③	④	⑤
PS6 在过去的1个月里，尽管健康方面有问题，我仍然觉得精力充沛，可以完成所有工作	①	②	③	④	⑤

子问卷 5：基本信息

三、个人基本信息（仅用于样本特征统计）

1. 您的性别：　　□男　　　　□女
2. 您的年龄：（　　）周岁
3. 您的婚姻状况：□已婚　　　□未婚　　　□其他
4. 您的学历：
   □初中及以下　　　□高中（中专）　　　□高职（大专）
   □本科　　　□硕士及以上
5. 您在本公司的职位：
   □普通行政职员　　　□技术型员工　　　□基层管理者
   □中层管理者　　　□高层管理者
6. 您在目前公司的工作年限：
   □1~3 年　　　□4~6 年　　　□7~9 年
   □10 年及以上
7. 您当前有无影响工作的急性或慢性疾病：□有　　　□没有

四、企业基本信息

1. 企业成立年数：
   □1~3 年　　　□4~6 年　　　□7~9 年
   □10 年及以上
2. 企业所有制类型：
   □国有及国有控股企业　　　□民营及民营控股企业　　　□中外合资企业
   □外资及外资控股企业　　　□其他
3. 企业所属行业：
   □电子信息高科技行业　　　□钢铁和机械制造行业　　　□农林牧渔业
   □建筑和房地产行业　　　□医疗化工行业　　　□商业服务业
   □科教体育卫生行业　　　□其他

问卷到此结束，再次感谢您的配合和支持！

参考文献

[1] Alegre J, Chiva R. Assessing the impact of organizational learning capability on product innovation performance: An empirical test [J]. Technovation, 2008, 28 (6): 315~326.

[2] Alfes K, Shantz A D, Truss C, et al. The link between perceived human resource management practices, engagement and employee behaviour: a moderated mediation model [J]. The International Journal of Human Resource Management, 2013, 24 (2): 330~351.

[3] Allen H, Hubbard D, Sullivan S. The burden of pain on employee health and productivity at a major provider of business services [J]. Journal of Occupational and Environmental Medicine, 2005, 47 (7): 658~670.

[4] Aristides I Ferreira, Luis F Martinez. Presenteeism and burnout among teachers in public and private portuguese elementary schools [J]. International Journal of Human Resource Management, 2012, 23 (20): 4380~4390.

[5] Aronsson G, Gustafsson K, Mellner C. Sickness presence, sickness absence, and self-reported health and symptoms [J]. International Journal of Workplace Health Management, 2011, 4 (3): 228~243.

[6] Aronsson G, Gustafsson K. Sickness presenteeism: prevalence, attendance-pressure factors, and an outline of a model for research [J]. Journal of Occupational and Environmental Medicine, 2005, 47 (9): 958~966.

[7] Aronsson G, Gustafsson K, Dallner M. Sick but yet at work. An empirical study of sickness presenteeism [J]. Journal of Epidemiology and Community Health, 2000, 54 (7): 502~509.

[8] Baker-McClearn Denise, Greasley Kay, Dale Jeremy, et al. Absence management and presenteeism: the pressures on employees to attend work and the impact of attendance on performance [J]. Human Resource Management Journal, 2010, 20 (3): 311~328.

[9] Bakker A B, Demerouti E, Sanz-Vergel A I. Burnout and work engagement: The JD-R approach [J]. Annu. Rev. Organ. Psychol. Organ. Behav., 2014, 1 (1): 389~411.

[10] Bansback N, Zhang W, Walsh D, et al. Factors associated with absenteeism, presenteeism and activity impairment in patients in the first years of RA [J]. Rheumatology, 2012, 51 (2): 375~384.

[11] Baron R M, Kenny D A. The moderator-mediator variable distinction in social psychological research: Conceptual, strategic, and statistical considerations [J]. Journal of Personality and Social psychology, 1986, 51 (6): 1173.

[12] Bergström G, Bodin L, Hagberg J, et al. Sickness presenteeism today, sickness absenteeism tomorrow? A prospective study on sickness presenteeism and future sickness absenteeism [J]. Journal of Occupational and Environmental Medicine, 2009, 51 (6): 629~638.

[13] Bernardin H J, Beatty R W. Performance appraisal: Assessing human behavior at work [M]. Boston: Kent Publishing Company, 1984.

[14] Bhanthumnavin D. Perceived social support from supervisor and group members' psychological and situational characteristics as predictors of subordinate performance in Thai work units [J].

Human Resource Development Quarterly, 2003, 14 (1): 79~97.

[15] Bierla I, Huver B, Richard S. New evidence on absenteeism and presenteeism [J]. The International Journal of Human Resource Management, 2013, 24 (7): 1536~1550.

[16] Biron C, Brun J P, Ivers H, et al. At work but ill: psychosocial work environment and well-being determinants of presenteeism propensity [J]. Journal of Public Mental Health, 2006, 5 (4): 26~37.

[17] Boonen Annelies, Brinkhuizen Tjinta, Landewe Robert. Impact of ankylosing spondylitis on sick leave, presenteeism and unpaid productivity, and estimation of the societal cost [J]. Annals of the Rheumatic Diseases, 2010, 69 (6): 1123~1128.

[18] Borman W C, Motowidlo S M. Expanding the criterion domain to include elements of contextual performance [J]. Personnel Selection in Organizations; San Francisco: Jossey-Bass, 1993: 71.

[19] Bouckenooghe D, Zafar A, Raja U. How ethical leadership shapes employees' job performance: The mediating roles of goal congruence and psychological capital [J]. Journal of Business Ethics, 2015, 129 (2): 251~264.

[20] Bracewell L M, Campbell D I, Faure P R, et al. Sickness presenteeism in a New Zealand hospital [J]. Clinical Correspondence, 2010, 123: 1314.

[21] Breevaart K, Bakker A, Hetland J, et al. Daily transactional and transformational leadership and daily employee engagement [J]. Journal of Occupational and Organizational Psychology, 2014, 87 (1): 138~157.

[22] Brooks A, Hagen S E, Sathyanarayanan S, et al. Presenteeism: critical issues [J]. Journal of Occupational and Environmental Medicine, 2010, 52 (11): 1055~1067.

[23] Burnett M F, Chiaburu D S, Shapiro D L, et al. Revisiting how and when perceived organizational support enhances taking charge: An inverted U-shaped perspective [J]. Journal of Management, 2015, 41 (7): 1805~1826.

[24] Burton W N, Conti D J, Chen C Y, et al. The economic burden of lost productivity due to migraine headache: a specific worksite analysis [J]. Journal of Occupational and Environmental Medicine, 2002, 44 (6): 523~529.

[25] Cancelliere C, Cassidy J D, Ammendolia C, et al. Are workplace health promotion programs effective at improving presenteeism in workers? A systematic review and best evidence synthesis of the literature [J]. BMC Public Health, 2011, 11 (1): 395.

[26] Caverley N, Cunningham J B, MacGregor J N. Sickness presenteeism, sickness absenteeism, and health following restructuring in a public service organization [J]. Journal of Management Studies, 2007, 44 (2): 304~319.

[27] Chang A, Chiang H H, Han T S. A multilevel investigation of relationships among brand-centered HRM, brand psychological ownership, brand citizenship behaviors, and customer satisfaction [J]. European Journal of marketing, 2012, 46 (5): 626~662.

[28] Chaomei Chen. Science Mapping: A Systematic Review of the Literature [J]. Journal of Data and Information Science, 2017, 2 (2): 1~40.

[29] Chatterji M, Tilley C J. Sickness, absenteeism, presenteeism, and sick pay [J]. Oxford Economic Papers, 2002, 54 (4): 669~687.

[30] Christian M S, Garza A S, Slaughter J E. Work engagement: A quantitative review and test of its relations with task and contextual performance [J]. Personnel Psychology, 2011, 64 (1): 89~136.

[31] Claes R. Employee correlates of sickness presence: A study across four European countries [J]. Work & Stress, 2011, 25 (3): 224~242.

[32] Collins J J, Baase C M, Sharda C E, et al. The assessment of chronic health conditions on work performance, absence, and total economic impact for employers [J]. Journal of Occupational and Environmental Medicine, 2005, 47 (6): 547~557.

[33] D'Abate C P, Eddy E R. Engaging in personal business on the job: Extending the presenteeism construct [J]. Human Resource Development Quarterly, 2007, 18 (3): 361~383.

[34] DeConinck J B. The effect of organizational justice, perceived organizational support, and perceived supervisor support on marketing employees' level of trust [J]. Journal of Business Research, 2010, 63 (12): 1349~1355.

[35] Deery S, Walsh J, Zatzick C D. A moderated mediation analysis of job demands, presenteeism, and absenteeism [J]. Journal of Occupational & Organizational Psychology, 2014, 87 (2): 352~369.

[36] Demerouti E, Le Blanc P M, Bakker A B, et al. Present but sick: a three-wave study on job demands, presenteeism and burnout [J]. Career Development International, 2009, 14 (1): 50~68.

[37] Dew K, Keefe V, Small K. "Choosing" to work when sick: Workplace presenteeism [J]. Social Science and Medicine, 2005, 60 (10): 2273~2282.

[38] Druss B G, Schlesinger M, Allen H M. Depressive symptoms, satisfaction with health care, and 2-year work outcomes in an employed population [J]. American Journal of Psychiatry, 2001, 158 (5): 731~734.

[39] Eder P, Eisenberger R. Perceived organizational support: Reducing the negative influence of coworker withdrawal behavior [J]. Journal of Management, 2008, 34 (1): 55~68.

[40] Eisenberger R, Huntington R, Hutchison S, et al. Perceived organizational support [J]. Journal of Applied Psychology, 1986, 71 (3): 500.

[41] Evans-Lacko S, Knapp M. Global patterns of workplace productivity for people with depression: absenteeism and presenteeism costs across eight diverse countries [J]. Social Psychiatry and Psychiatric Epidemiology, 2016, 51 (11): 1525~1537.

[42] Finkelstein Eric A, DiBonaventura Marco daCosta, Burgess Somali M. The Costs of Obesity in the Workplace [J]. Journal of Occupational and Environmental Medicine, 2010, 52 (10): 971~976.

[43] Gawke J C, Gorgievski M J, Bakker A B. Employee intrapreneurship and work engagement: A latent change score approach [J]. Journal of Vocational Behavior, 2017, 100: 88~100.

[44] George J M, Reed T F, Ballard K A, et al. Contact with AIDS patients as a source of work-re-

lated distress: Effects of organizational and social support [J]. Academy of Management Journal, 1993, 36 (1): 157~171.

[45] Githui J M. Effects of Organizational Culture on Employee Job Performance: A Case Study of Ericsson Kenya Limited [D]. United States International University-Africa, 2015.

[46] Goetzel R Z, Long S R, Ozminkowski R J, et al. Health, absence, disability, and presenteeism cost estimates of certain physical and mental health conditions affecting US employers [J]. Journal of Occupational and Environmental Medicine, 2004, 46 (4): 398~412.

[47] Gustafsson Sendén Marie, Schenck-Gustafsson Karin, Fridner Ann. Gender differences in Reasons for Sickness Presenteeism-a study among GPs in a Swedish health care organization [J]. Annals of Occupational and Environmental Medicine, 2016, 28 (9): 114~120.

[48] Halbesleben J R B, Harvey J, Bolino M C. Too engaged? A conservation of resources view of the relationship between work engagement and work interference with family [J]. Journal of Applied Psychology, 2009, 94 (6): 1452.

[49] Hansen C D, Andersen J H. Sick at work—a risk factor for long-term sickness absence at a later date? [J]. Journal of Epidemiology & Community Health, 2009, 63 (5): 397~402.

[50] Hansen C D, Andersen J H. Going ill to work-What personal circumstances, attitudes and work-related factors are associated with sickness presenteeism [J]. Social Science & Medicine, 2008, 67 (6): 956~964.

[51] Harter J K, Schmidt F L, Hayes T L. Business-unit-level relationship between employee satisfaction, employee engagement, and business outcomes: A meta-analysis [J]. Journal of Applied Psychology, 2002, 87 (2): 268.

[52] Hemp P. Presenteeism: At work but out of it [J]. Harvard Business Review, 2004, 82 (10): 49~58.

[53] Hobfoll S E. Conservation of resources: A new attempt at conceptualizing stress [J]. American Psychologist, 1989, 44 (3): 513.

[54] Hutting N, Engels J A, Heerkens Y F, et al. Development and Measurement Properties of the Dutch Version of the Stanford Presenteeism Scale (SPS-6) [J]. Journal of Occupational Rehabilitation, 2014, 24 (2): 268~277.

[55] Janssen O, Van Yperen N W. Employees' goal orientations, the quality of leader-member exchange, and the outcomes of job performance and job satisfaction [J]. Academy of Management Journal, 2004, 47 (3): 368~384.

[56] Johansen V. Sickness presenteeism in Norway and Sweden [J]. Nordic Journal of Social Research, 2013, 3: 88~102.

[57] Johns G. Attendance dynamics at work: the antecedents and correlates of presenteeism, absenteeism, and productivity loss [J]. Journal of Occupational Health Psychology, 2011, 16 (4): 483.

[58] Johns G. Presenteeism in the workplace: A review and research agenda [J]. Journal of Organizational Behavior, 2010, 31 (4): 519~542.

[59] Justesen J B, Søgaard K, Dalager T, et al. The effect of intelligent physical exercise training on

sickness presenteeism and absenteeism among office workers [J]. Journal of Occupational and Environmental Medicine, 2017, 59 (10): 942~948.

[60] Kahn W A. Psychological conditions of personal engagement and disengagement at work [J]. Academy of Management Journal, 1990, 33 (4): 692~724.

[61] Karanika-Murray M, Pontes H M, Griffiths M D, et al. Sickness presenteeism determines job satisfaction via affective-motivational states [J]. Social Science & Medicine, 2015, 139: 100~106.

[62] Kessler R C, Ames M, Hymel P A, et al. Using the World Health Organization Health and Work Performance Questionnaire (HPQ) to evaluate the indirect workplace costs of illness [J]. Journal of Occupational and Environmental Medicine, 2004, 46 (6): S23~S37.

[63] Kim Ja Young, Lee Joohee, Muntaner Carles, et al. Who is working while sick? Nonstandard employment and its association with absenteeism and presenteeism in South Korea [J]. International Archives of Occupational and Environmental Health, 2016, 89 (7): 1095~1101.

[64] Kinman G, Wray S. Presenteeism in academic employees—occupational and individual factors [J]. Occupational Medicine, 2018, 68 (1): 46~50.

[65] Kivimäki M, Head J, Ferrie J E, et al. Working while ill as a risk factor for serious coronary events: The White Hall Study [J]. American Journal of Public Health, 2005, 95 (1): 98~102.

[66] Kline J Harrison, Russell Hubbard. Antecedents to Organizational Commitment Among Mexican Employees of a U. S. Firm in Mexico [J]. The Journal of Social Psychology, 1998, 138 (5).

[67] Köhler T, Cortina J M, Kurtessis J N, et al. Are we correcting correctly? Interdependence of reliabilities in meta-analysis [J]. Organizational Research Methods, 2015, 18 (3): 355~428.

[68] Koopman C, Pelletier K R, Murray J F, et al. Stanford presenteeism scale: Health status and employee productivity [J]. Journal of Occupational and Environmental Medicine, 2002, 44 (1): 14~20.

[69] Kuoppala J, Lamminpää A, Husman P. Work health promotion, job well-being, and sickness absences—a systematic review and meta-analysis [J]. Journal of Occupational and Environmental Medicine, 2008, 50 (11): 1216~1227.

[70] Ladd D, Henry R A. Helping coworkers and helping the organization: The role of support perceptions, exchange ideology, and conscientiousness [J]. Journal of Applied Social Psychology, 2000, 30 (10): 2028~2049.

[71] Lawler E E, Hall D T. Relationship of job characteristics to job involvement, satisfaction, and intrinsic motivation [J]. Journal of Applied Psychology, 1970, 54 (4): 305.

[72] Lerner D, Amick III B C, Rogers W H, et al. The work limitations questionnaire [J]. Medical Care, 2001, 39 (1): 72~85.

[73] Lodahl T, Kejner M. The Definition and Measurement of Job Involvement [J]. Journal of Applied Psychology, 1965, 49 (1): 24~33.

[74] Lofland J H, Pizzi L, Frick K D. A review of health-related workplace productivity loss instru-

ments [J]. Pharmacoeconomics, 2004, 22 (3): 165~184.

[75] Lu L, Cooper C L, Lin H Y. A cross-cultural examination of presenteeism and supervisory support. Career Development International, 2013, 18 (5): 440~456.

[76] Lu L, Peng S Q, Lin H Y, et al. Presenteeism and health over time among Chinese employees: The moderating role of self-efficacy [J]. Work & Stress, 2014, 28 (2): 165~178.

[77] Luthans F, Youssef C M, Sweetman D S, et al. Meeting the leadership challenge of employee well-being through relationship PsyCap and health PsyCap [J]. Journal of Leadership & Organizational Studies, 2013, 20 (1): 118~133.

[78] Makikangas A, De Cuyper N, Mauno S, et al. A longitudinal person-centred view on perceived employability: The role of job insecurity [J]. European Journal of Work and Organizational Psychology, 2013, 22 (4): 490~503.

[79] Manton K G, Lowrimore G R, Ullian A D, et al. Labor force participation and human capital increases in an aging population and implications for US research investment [J]. Proceedings of the National Academy of Sciences, 2007, 104 (26): 10802~10807.

[80] Martinez L F, Ferreira A I. Sick at work: presenteeism among nurses in a portuguese public hospital [J]. Stress and Health, 2012, 28 (4): 297~304.

[81] Maslach C, Schaufeli W B, Leiter M P. Job burnout [J]. Annual Review of Psychology, 2001, 52 (1): 397~422.

[82] Mcgregor A, Magee C A, Caputi P, et al. A job demands-resources approach to presenteeism [J]. Career Development International, 2016, 21 (4): 402~418.

[83] McKevitt C, Morgan M, Dundas R, et al. Sickness absence and "working through" illness: a comparison of two professional groups [J]. Journal of Public Health, 1997, 19 (3): 295~300.

[84] Michael Armstrong, Angela Baron. Performance Management [M]. London: The Cromwell Press, 1998: 15~41.

[85] Michishita R, Jiang Y, Ariyoshi D, et al. The Introduction of an Active Rest Program by Workplace Units Improved the Workplace Vigor and Presenteeism Among Workers [J]. Journal of Occupational and Environmental Medicine, 2017, 59 (12): 1140~1147.

[86] Miraglia M. Should I stay (at home) or should I go (to work): individual and contextual antecedents of absenteeism and presenteeism. Evidence from a privatized Italian organization [J]. 2013.

[87] Monojit Chatterji, Colin J. Tilley. Sickness, Absenteeism, Presenteeism, and Sick Pay [J]. Oxford Economic Papers, 2002, 54 (4): 669~687.

[88] Monzani L, Espí-López G V, Zurriaga R, et al. Manual therapy for tension-type headache related to quality of work life and work presenteeism: Secondary analysis of a randomized controlled trial [J]. Complementary Therapies in Medicine, 2016, 25: 86~91.

[89] Naumanen P. Opinions of ageing workers on relative importance of health promotion [J]. Int J Nurs Pract 2006, 12 (6): 352~358.

[90] Newman A, Thanacoody R, Hui W. The effects of perceived organizational support, perceived

supervisor support and intra-organizational network resources on turnover intentions: A study of Chinese employees in multinational enterprises [J]. Personnel Review, 2012, 41 (1): 56~72.

[91] Østhus S, Mastekaasa A. The impact of downsizing on remaining workers' sickness absence [J]. Social Science & Medicine, 2010, 71 (8): 1455~1462.

[92] Ozminkowski R J, Goetzel R Z, Long S R. A validity analysis of the Work Productivity Short Inventory (WPSI) instrument measuring employee health and productivity [J]. Journal of Occupational and Environmental Medicine, 2003, 45 (11): 1183~1195.

[93] Paul S, Seetharaman P, Samarah I, et al. Impact of heterogeneity and collaborative conflict management style on the performance of synchronous global virtual teams [J]. Information & Management, 2004, 41 (3): 303~321.

[94] Payne J, Cluff L, Lang J, et al. Elements of a workplace culture of health, perceived organizational support for health, and lifestyle risk [J]. American Journal of Health Promotion, 2018, 32 (7): 1555~1567.

[95] Petrou P, Demerouti E, Peeters M C W, et al. Crafting a job on a daily basis: Contextual correlates and the link to work engagement [J]. Journal of Organizational Behavior, 2012, 33 (8): 1120~1141.

[96] Public health Agency of Canada. Chapter 3 Aging and Seniors. 2015. http: //www. phac-aspc. gc. ca/cphorsphc-respcacsp/2010/fr-rc/cphorsphc-respcacsp-06-eng. php. Accessed 30 Nov 2015.

[97] Randall M L, Cropanzano R, Bormann C A, et al. Organizational politics and organizational support as predictors of work attitudes, job performance, and organizational citizenship behavior [J]. Journal of Organizational Behavior: The International Journal of Industrial, Occupational and Organizational Psychology and Behavior, 1999, 20 (2): 159~174.

[98] Rhoades L, Eisenberger R. Perceived organizational support: a review of the literature [J]. Journal of Applied Psychology, 2002, 87 (4): 698.

[99] Rich B L, Lepine J A, Crawford E R. Job engagement: Antecedents and effects on job performance [J]. Academy of Management Journal, 2010, 53 (3): 617~635.

[100] Rotundo M, Sackett P R. The relative importance of task, citizenship, and counterproductive performance to global ratings of job performance: A policy-capturing approach [J]. Journal of Applied Psychology, 2002, 87 (1): 66.

[101] Salanova M, Agut S, Peiró J M. Linking organizational resources and work engagement to employee performance and customer loyalty: the mediation of service climate [J]. Journal of Applied Psychology, 2005, 90 (6): 1217.

[102] Sanchez-Zaballos Marta, Baldonedo-Mosteiro Maria, Pilar Mosteiro-Diaz Ma. Presenteeism among emergency health care staff [J]. Emergencias, 2018, 30 (1): 35~40.

[103] Schaufeli W B, Bakker A B. Job demands, job resources, and their relationship with burnout and engagement: A multi-sample study [J]. Journal of Organizational Behavior: The International Journal of Industrial, Occupational and Organizational Psychology and Behavior, 2004,

25 (3): 293~315.

[104] Schaufeli W B, Martinez I M, Pinto A M, et al. Burnout and engagement in university students: A cross-national study [J]. Journal of Cross-cultural Psychology, 2002, 33 (5): 464~481.

[105] Schaufeli W B, Salanova M, González-Romá V, et al. The measurement of engagement and burnout: A two sample confirmatory factor analytic approach [J]. Journal of Happiness Studies, 2002, 3 (1): 71~92.

[106] Schmid J A, Jarczok M N, Sonntag D, et al. Associations between Supportive Leadership Behavior and the Costs of Absenteeism and Presenteeism: An Epidemiological and Economic Approach [J]. Journal of Occupational & Environmental Medicine, 2017, 59 (2): 141~147.

[107] Schultz A B, Chen C Y, Edington D W. The cost and impact of health conditions on presenteeism to employers [J]. Pharmacoeconomics, 2009, 27 (5): 365~378.

[108] Schultz A B, Edington D W. Employee health and presenteeism: a systematic review [J]. Journal of Occupational Rehabilitation, 2007, 17 (3): 547~579.

[109] Seppala P, Mauno S, Feldt T, et al. The construct validity of the Utrecht Work Engagement Scale: Multisample and longitudinal evidence [J]. Journal of Happiness Studies, 2009, 10 (4): 459.

[110] Shirom A. Feeling vigorous at work? The construct of vigor and the study of positive affect in organizations [M]//Emotional and physiological processes and positive intervention strategies. Emerald Group Publishing Limited, 2003: 135~164.

[111] Skagen K, Collins A M. The consequences of sickness presenteeism on health and wellbeing over time: A systematic review [J]. Social Science & Medicine, 2016, 161: 169~177.

[112] Smith D J. Absenteeism and "presenteeism" in industry [J]. Archives of Environmental Health: An International Journal, 1970, 21 (5): 670~677.

[113] Stewart W F, Ricci J A, Chee E, et al. Lost productivity work time costs from health conditions in the United States: Results from the American Productivity Audit [J]. Journal of Occupational and Environmental Medicine, 2003, 45 (12): 1234~1246.

[114] Stolz R L. Reducing turnover through incentive programs [J]. Cornell Hospitality Quarterly, 1993, 34 (1): 79.

[115] Strömberg C, Aboagye E, Hagberg J, et al. Estimating the effect and economic impact of absenteeism, presenteeism, and work environment-related problems on reductions in productivity from a managerial perspective [J]. Value in Health, 2017, 20 (8): 1058~1064.

[116] Suzuki T, Miyaki K, Song Y, et al. Relationship between sickness presenteeism (WHO-HPQ) with depression and sickness absence due to mental disease in a cohort of Japanese workers [J]. Journal of Affective Disorders, 2015, 180: 14~20.

[117] Taloyan M, Aronsson G, Leineweber C, et al. Sickness presenteeism predicts suboptimal self-rated health and sickness absence: a nationally representative study of the Swedish working population [J]. PloS one, 2012, 7 (9): e44721.

[118] Turpin R S, Ozminkowski R J, Sharda C E, et al. Reliability and validity of the Stanford Pre-

senteeism Scale [J]. Journal of Occupational and Environmental Medicine, 2004, 46 (11): 1123~1133.

[119] Van Scotter J, Motowidlo S J, Cross T C. Effects of task performance and contextual performance on systemic rewards [J]. Journal of Applied Psychology, 2000, 85 (4): 526.

[120] Vänni K, Neupane S, Nygård C H. An effort to assess the relation between productivity loss costs and presenteeism at work [J]. International Journal of Occupational Safety and Ergonomics, 2017, 23 (1): 33~43.

[121] Virtanen M, Kivimäki M, Elovainio M, et al. From insecure to secure employment: changes in work, health, health related behaviours, and sickness absence [J]. Occupational and Environmental Medicine, 2003, 60 (12): 948~978.

[122] Wan H C, Downey L A, Stough C. Understanding non-work presenteeism: Relationships between emotional intelligence, boredom, procrastination and job stress [J]. Personality and Individual Differences, 2014, 65: 86~90.

[123] Christina M Wenig, Carsten O Chmidt, Thomas Kohlmann. Costs of back pain in Germany [J]. European Journal of Pain, 2009, 13 (3): 280~286.

[124] Whysall Zara, Bowden James, Hewitt Michael. Sickness presenteeism: measurement and management challenges [J]. Ergonomics, 2018, 61 (3): 341~354.

[125] Widera E, Chang A, Chen H L. Presenteeism: a public health hazard [J]. Journal of General Internal Medicine, 2010, 25 (11): 1244~1247.

[126] Xanthopoulou D, Bakker A B, Demerouti E, et al. Reciprocal relationships between job resources, personal resources, and work engagement [J]. Journal of Vocational Behavior, 2009, 74 (3): 235~244.

[127] Xanthopoulou D, Bakker A B, Demerouti E, et al. Work engagement and financial returns: A diary study on the role of job and personal resources [J]. Journal of Occupational and Organizational Psychology, 2009, 82 (1): 183~200.

[128] Yang T, Zhu M, Xie X. The determinants of presenteeism: a comprehensive investigation of stress-related factors at work, health, and individual factors among the aging workforce [J]. Journal of Occupational Health, 2016, 58 (1): 25~35.

[129] Yoon J, Lim J C. Organizational support in the workplace: The case of Korean hospital employees [J]. Human Relations, 1999, 52 (7): 923~945.

[130] Yu J, Wang S, Yu X. Health risk factors associated with presenteeism in a Chinese enterprise [J]. Occupational Medicine, 2015, 65 (9): 732~738.

[131] Zhang W, Sun H, Woodcock S, et al. Illness related wage and productivity losses: Valuing "presenteeism" [J]. Social Science & Medicine, 2015, 147: 62~71.

[132] Zhou Q, Martinez L F, Ferreira A I, et al. Supervisor support, role ambiguity and productivity associated with presenteeism: A longitudinal study [J]. Journal of Business Research, 2016, 69 (9): 3380~3387.

[133] 宝贡敏，刘枭．感知组织支持的多维度构思模型研究 [J]. 科研管理，2011，32 (2): 160~168.

［134］常飞，王詠．企业员工美德和工作投入与主观幸福感的关系［J］．中国心理卫生杂志，2017，31（11）：890~895.

［135］陈建安，程爽，陈明艳．从支持性人力资源实践到组织支持感的内在形成机制研究［J］．管理学报，2017，14（4）：519~527.

［136］陈倩倩，樊耘，李春晓．组织支持感对员工创新行为的影响研究——目标导向与权力动机的作用［J］．华东经济管理，2018，32（2）：43~50.

［137］陈倩倩，樊耘，吕霄，等．领导者信息共享行为对员工绩效的影响机制研究——工作投入的中介作用及情感信任的调节作用［J］．预测，2018，37（3）：15~21.

［138］陈世民，孙配贞，段鑫星．中国文化背景下魅力型领导对关系绩效的影响：尽责性与工作投入的链式中介作用［J］．中国临床心理学杂志，2017，25（4）：747~749，767.

［139］陈小平，孙延明，黎子森，等．企业导师指导风格与徒弟工作绩效——职业胜任力与工作投入的中介作用［J］．软科学，2018，32（12）：85~88.

［140］陈晓萍，徐淑英，樊景立．组织与管理研究的实证方法（第二版）［M］．北京：北京大学出版社，2012.

［141］陈志霞．知识员工组织支持感对工作绩效和离职倾向的影响［D］．武汉：华中科技大学，2006.

［142］程培培．组织支持感对员工工作绩效的影响研究［D］．北京：北方工业大学，2011.

［143］崔泮为，杨洋，李蔚．CSR 策略修复产品伤害危机后品牌信任的效果研究——调节变量和中介变量的作用［J］．中央财经大学学报，2015（2）：69~74.

［144］邓稳根，黎小瑜，陈勃，等．国内心理学文献中共同方法偏差检验的现状［J］．江西师范大学学报（自然科学版），2018，42（5）：447~453.

［145］方杰，温忠麟，梁东梅，等．基于多元回归的调节效应分析［J］．心理科学，2015，38（3）：715~720.

［146］方杰，温忠麟，张敏强．类别变量的中介效应分析［J］．心理科学，2017，40（2）：471~477.

［147］方杰，温忠麟．基于结构方程模型的有调节的中介效应分析［J］．心理科学，2018，41（2）：453~458.

［148］方杰，温忠麟．三类多层中介效应分析方法比较［J］．心理科学，2018，41（4）：962~967.

［149］方杰，张敏强，邱皓政．中介效应的检验方法和效果量测量：回顾与展望［J］．心理发展与教育，2012，28（1）：105~111.

［150］方正，杨洋，江明华，等．可辩解型产品伤害危机应对策略对品牌资产的影响研究：调节变量和中介变量的作用［J］．南开管理评论，2011，14（4）：69~79.

［151］傅居正，喻国明．数据新闻的学科建构：演进逻辑、知识图谱与前沿热点——基于美国核心期刊数据库 Web of Science（1992~2018）的文献分析［J］．新闻记者，2018（10）：57~69.

［152］高辉．中国情境下的制度环境与企业创新绩效关系研究［D］．长春：吉林大学，2017.

［153］顾江洪，江新会，丁世青，等．职业使命感驱动的工作投入：对工作与个人资源效应的超越和强化［J］．南开管理评论，2018，21（2）：107~120.

[154] 郭志光，贾志强．WOS 数据库运动生理研究演进脉络与前沿动态的分析［J］．首都体育学院学报，2017，29（3）：272~279.

[155] 郭钟泽，谢宝国，程延园．如何提升知识型员工的工作投入？——基于资源保存理论与社会交换理论的双重视角［J］．经济管理，2016，38（2）：81~90.

[156] 韩翼，廖建桥．组织成员绩效结构理论研究述评［J］．管理科学学报，2006（2）：86~94.

[157] 何立，凌文辁．领导风格对员工工作绩效的作用：组织认同和工作投入的影响［J］．企业经济，2010（11）：65~68.

[158] 何秋鸿，蒋跃辉，隆承宏．基于知识图谱的国际有氧运动科学研究动态与演化分析［J］．北京体育大学学报，2017，40（4）：56~63.

[159] 胡少楠，王詠．工作投入的概念、测量、前因与后效［J］．心理科学进展，2014，22（12）：1975~1984.

[160] 黄桂．强调“奉献”的企业为何不能如愿以偿？——基于国企组织与员工交换关系的思考［J］．管理世界，2010（11）：105~113，153.

[161] 黄杰，鲍旭辉，游旭群，等．个体资源对 JD-R 模型与工作倦怠关系的中介作用［J］．心理科学，2010，33（4）：963~965.

[162] 瞿皎姣，曹霞，崔勋．基于资源保存理论的组织政治知觉对国有企业员工工作绩效的影响机理研究［J］．管理学报，2014，11（6）：852~860.

[163] 孔茗，袁悦，钱小军．领导-成员喜欢一致性对员工工作投入的影响及其机制［J］．南开管理评论，2017，20（6）：104~115.

[164] 李宝元．企业人力资本产权制度史论解析［J］．财经问题研究，2002（10）：84~89.

[165] 李宏利，王星，董丽娟，等．员工创新行为源于领导情感信任吗？风险倾向与组织行为授权的调节作用［J］．心理与行为研究，2018，16（5）：701~712.

[166] 李后建，何锐．裁员不确定感、心理调控与员工绩效——组织干预感知的调节作用［J］．软科学，2013，27（2）：109~112.

[167] 李怀祖．管理研究方法论［M］．西安：西安交通大学出版社，2004.

[168] 李建玲，刘善仕．激发人心效力：本土组织伦理系统提升员工绩效的新视角——基于浙江 ZX 公司的扎根研究［J］．经济管理，2017，39（9）：100~115.

[169] 李杰，陈超美．CiteSpace：科技文本挖掘及可视化［M］．北京：首都经济贸易大学出版社，2016.

[170] 李锐，凌文辁，方俐洛．上司支持感知对下属建言行为的影响及其作用机制［J］．中国软科学，2010（4）：106~115.

[171] 李锐，凌文辁．工作投入研究的现状［J］．心理科学进展，2007（2）：366~372.

[172] 李伟，梅继霞．内在动机、工作投入与员工绩效：基于核心自我评价的调节效应［J］．经济管理，2012，34（9）：77~90.

[173] 李永周，王月，阳静宁．自我效能感、工作投入对高新技术企业研发人员工作绩效的影响研究［J］．科学学与科学技术管理，2015，36（2）：173~180.

[174] 理查德·S·威廉姆斯．业绩管理［M］．大连：东北财经大学出版社，2003.

[175] 廖化化，颜爱民．情绪劳动与工作倦怠——一个来自酒店业的体验样本研究［J］．南

开管理评论，2016，19（4）：147~158.
[176] 林琳，时勘，萧爱铃．工作投入研究现状与展望［J］. 管理评论，2008（3）：8~15，63.
[177] 林震岩．多变量分析 SPSS 的操作与应用［M］. 北京：北京大学出版社，2007.
[178] 凌文辁，杨海军，方俐洛．企业员工的组织支持感［J］. 心理学报，2006（2）：281~287.
[179] 刘贝妮，杨河清．工作场所隐性缺勤行为研究述评［J］. 经济与管理研究，2016，37（4）：66~73.
[180] 刘得格，时勘，王永丽，等．挑战-阻碍性压力源与工作投入和满意度的关系［J］. 管理科学，2011，24（2）：1~9.
[181] 刘丽君，宋凤宁，陈曦．医务人员的心理资本、组织支持与工作投入关系的路径分析［J］. 中国卫生统计，2017，34（5）：733~735.
[182] 刘翔宇，李新建，孙燕群．学习实践社群参与对员工创新行为的影响研究——论反馈寻求倾向和组织支持感知的调节作用［J］. 科技管理研究，2016，36（20）：130~136，189.
[183] 刘枭．组织支持、组织激励、员工行为与研发团队创新绩效的作用机理研究［D］. 杭州：浙江大学，2011.
[184] 刘小平，王重鸣．组织承诺及其形成过程研究［J］. 南开管理评论，2001（6）：58~62.
[185] 刘延锦，吕培华，董小方，等．护士心理授权与健康相关工作效率低下的相关性分析［J］. 护理学杂志，2014，29（9）：67~69.
[186] 刘智强，邓传军，廖建桥，等．组织支持、地位认知与员工创新：雇佣多样性视角［J］. 管理科学学报，2015，18（10）：80~94.
[187] 刘追，闫舒迪，姜海云．电子领导力对员工敬业度的影响——组织支持感的中介作用［J］. 软科学，2018，32（7）：65~69.
[188] 卢慧敏，杨丹丹，苗春霞，等．基于 PLS-SEM 的家庭医生工作生活质量、职业认同与隐性缺勤的关系研究［J］. 中国全科医学，2018，21（28）：3436~3442.
[189] 卢纪华，陈丽莉，赵希男．组织支持感、组织承诺与知识型员工敬业度的关系研究［J］. 科学学与科学技术管理，2013，34（1）：147~153.
[190] 卢纹岱，朱红兵，何丽娟，等．统计软件应用的常见误区与解决途径［J］. 首都体育学院学报，2005（1）：122~125.
[191] 卢谢峰，韩立敏．中介变量、调节变量与协变量——概念、统计检验及其比较［J］. 心理科学，2007（4）：934~936.
[192] 芦慧，杜巍，柯江林．组织制度支持感研究——内涵、结构和测量［J］. 软科学，2016，30（3）：69~76.
[193] 陆欣欣，孙嘉卿．领导-成员交换与情绪枯竭：互惠信念和权力距离导向的作用［J］. 心理学报，2016，48（5）：566~577.
[194] 陆星雨，戴俊明，吴宁，等．三家企业现代服务业员工的心理一致感与隐性缺勤的关联［J］. 环境与职业医学，2017，34（4）：316~320.

[195] 马丽，姚垚．新生代员工工作生活质量、工作投入与工作绩效的关系［J］．企业经济，2016（3）：99~104.

[196] 麦玉娇，温忠麟．探索性结构方程建模（ESEM）：EFA 和 CFA 的整合［J］．心理科学进展，2013，21（5）：934~939.

[197] 苗仁涛，周文霞，刘军，等．高绩效工作系统对员工行为的影响：一个社会交换视角及程序公平的调节作用［J］．南开管理评论，2013，16（5）：38~50.

[198] 彭坚，王霄．与上司“心有灵犀”会让你的工作更出色吗？——追随原型一致性、工作投入与工作绩效［J］．心理学报，2016，48（9）：1151~1162.

[199] 邱皓政．量化研究与统计分析——SPSS（PASW）数据分析范例解析［M］．重庆：重庆大学出版社，2017.

[200] 邱菊，周菲．基于知识图谱的中国组织变革研究发展演化分析［J］．湖北大学学报（哲学社会科学版），2017，44（5）：111~119.

[201] 邱菊．基于 CiteSpace 的知识可视化分析及应用——以国际出勤主义行为研究为例［J］．情报科学，2018，36（12）：139~144，155.

[202] 邱均平，翟莉莉．国际知识工程研究可视化分析［J］．现代情报，2017，37（6）：148~177.

[203] 曲庆，高昂．个人-组织价值观契合如何影响员工的态度与绩效——基于竞争价值观模型的实证研究［J］．南开管理评论，2013，16（5）：4~15.

[204] 任皓，温忠麟，陈启山，等．工作团队领导心理资本对成员组织公民行为的影响机制：多层次模型［J］．心理学报，2013，45（1）：82~93.

[205] 任皓，温忠麟，陈启山．心理资本对企业员工职业成功的影响：职业承诺的中介效应［J］．心理科学，2013，36（4）：960~964.

[206] 邵芳．组织支持理论研究评述与未来展望［J］．经济管理，2014，36（2）：189~199.

[207] 沈蕾，张瑞高，俞林．真诚型领导对员工工作繁盛的影响研究——组织支持感和心理资本的多重中介作用［J］．软科学，2018，32（4）：90~94.

[208] 盛利．高新技术企业知识工作者健康相关工作效率低下测量研究［D］．北京：中国协和医科大学，2008.

[209] 施让龙，张珈祯，黄良志．员工主动性人格特质、工作热情、知觉组织支持及职涯满意的实证研究［J］．管理评论，2017，29（2）：114~128.

[210] 宋秀芳，迟培娟．Vosviewer 与 Citespace 应用比较研究［J］．情报科学，2016，34（7）：108~112.

[211] 苏文胜．基于组织支持感知的事业单位组织承诺研究［J］．软科学，2010，24（4）：71~75.

[212] 孙健敏，焦海涛，赵简．组织支持感对工作投入与工作家庭冲突关系的调节作用［J］．应用心理学，2011，17（1）：31~35.

[213] 孙健敏，陆欣欣，孙嘉卿．组织支持感与工作投入的曲线关系及其边界条件［J］．管理科学，2015，28（2）：93~102.

[214] 孙健敏，张晔骏．工作场所的出勤主义行为：组织管理研究的新课题［J］．心理科学进展，2015，23（4）：654~668.

[215] 唐楠．汉中地区基层医务人员隐性缺勤与正念水平的相关性研究［D］．长春：吉林大学，2017.

[216] 田喜洲，谢晋宇．组织支持感对员工工作行为的影响：心理资本中介作用的实证研究［J］．南开管理评论，2010，13（1）：23~29.

[217] 王富祥．新生代农民工工作投入的影响因素研究——基于工作特征视角并以满意度为中介变量［J］．湖南农业大学学报（社会科学版），2017，18（5）：41~46.

[218] 王辉，牛雄鹰，Kenneth S Law．领导-部属交换的多维结构及对工作绩效和情境绩效的影响［J］．心理学报，2004（2）：179~185.

[219] 王倩，李天柱，刘小琴．全球大数据研究的历史演进：1993—2016 年［J］．中国科技论坛，2017（7）：33~39.

[220] 王文卓，孙遇春，徐振亭．学习目标导向、留职动机与工作投入的关系——组织学习氛围的跨层次调节作用［J］．工业工程与管理，2017，22（4）：176~184.

[221] 王雁飞，周良海，朱瑜．心理资本影响变革支持行为的机理研究［J］．软科学，2018，32（6）：62~65.

[222] 王雁飞，周良海，朱瑜．组织支持感知对变革支持行为的影响机理研究［J］．商业经济与管理，2018（8）：26~35.

[223] 王阳，温忠麟，肖婉婷，等．幼儿教师共情的负面效应：一个有调节的中介模型［J］．心理科学，2018，41（6）：1423~1429.

[224] 王玉峰，金叶欣．变革的积极应对、工作投入对员工绩效的影响——技能的调节作用［J］．科学学与科学技术管理，2016，37（4）：158~171.

[225] 王玉龙，申继亮．脑卒中患者功能独立性与家庭照料者负担感的关系：以社会支持为中介变量和调节变量［J］．心理科学，2012，35（1）：238~242.

[226] 王桢，陈乐妮，李旭培．变革型领导与工作投入：基于情感视角的调节中介模型［J］．管理评论，2015，27（9）：120~129，212.

[227] 王震，孙健敏．核心自我评价、组织支持对主客观职业成功的影响：人-情境互动的视角［J］．管理学报，2012，9（9）：1307~1313.

[228] 王震，孙健敏．人力资源管理实践、组织支持感与员工承诺和认同——一项跨层次研究［J］．经济管理，2011，33（4）：80~86.

[229] 温志毅．工作绩效的四因素结构模型［J］．首都师范大学学报（社会科学版），2005（5）：105~111.

[230] 温忠麟，范息涛，叶宝娟，等．从效应量应有的性质看中介效应量的合理性［J］．心理学报，2016，48（4）：435~443.

[231] 温忠麟，黄彬彬，汤丹丹．问卷数据建模前传［J］．心理科学，2018，41（1）：204~210.

[232] 温忠麟，叶宝娟．测验信度估计：从 α 系数到内部一致性信度［J］．心理学报，2011，43（7）：821~829.

[233] 温忠麟，叶宝娟．有调节的中介模型检验方法：竞争还是替补？［J］．心理学报，2014，46（5）：714~726.

[234] 温忠麟，叶宝娟．中介效应分析：方法和模型发展［J］．心理科学进展，2014，22

（5）：731~745.
［235］温忠麟，张雷，侯杰泰．有中介的调节变量和有调节的中介变量［J］．心理学报，2006（3）：448~452.
［236］温忠麟．实证研究中的因果推理与分析［J］．心理科学，2017，40（1）：200~208.
［237］文吉，侯平平．顾客粗暴行为与酒店员工组织公民行为研究：基于组织支持感的中介作用［J］．南开管理评论，2015，18（6）：35~45.
［238］文吉，侯平平．酒店一线员工情绪智力与工作满意度：基于组织支持感的两阶段调节作用［J］．南开管理评论，2018，21（1）：146~158.
［239］文鹏，包玲玲，陈诚．基于社会交换理论的绩效评估导向对知识共享影响研究［J］．管理评论，2012，24（5）：127~136.
［240］吴国强，郭亚宁，黄杰，等．挑战性-阻碍性压力源对工作投入和工作倦怠的影响：应对策略的中介作用［J］．心理与行为研究，2017，15（6）：853~859.
［241］吴亮，张迪，伍新春．工作特征对工作者的影响——要求-控制模型与工作要求-资源模型的比较［J］．心理科学进展，2010，18（2）：348~355.
［242］吴敏，刘若冰．基于社会交换的组织公平研究［J］．西南民族大学学报（人文社科版），2009，30（12）：241~244.
［243］吴明隆．结构方程模型——AMOS 的操作与应用（第 2 版）［M］．重庆：重庆大学出版社，2018.
［244］吴明隆．问卷统计分析实物——SPSS 操作与应用［M］．重庆：重庆大学出版社，2018.
［245］吴婷，张正堂．LMX 对员工组织支持感知与情绪枯竭的影响——LMX 差异化的调节作用［J］．经济管理，2017，39（8）：103~115.
［246］席猛，刘玥玥，徐云飞，等．基于社会交换理论的多重雇佣关系模式下员工敬业度研究［J］．管理学报，2018，15（8）：1144~1152.
［247］谢宝国，郭永兴，夏德．上级工作投入是如何传递给下属的？一个涓滴模型的检验［J］．管理评论，2018，30（11）：141~151.
［248］辛伟，雷二庆，常晓，等．知识图谱在军事心理学研究中的应用——基于 ISI Web of Science 数据库的 Citespace 分析［J］．心理科学进展，2014，22（2）：334~347.
［249］辛自强，郭素然，池丽萍．青少年自尊与攻击的关系：中介变量和调节变量的作用［J］．心理学报，2007（5）：845~851.
［250］熊红星，张璟，叶宝娟，等．共同方法变异的影响及其统计控制途径的模型分析［J］．心理科学进展，2012，20（5）：757~769.
［251］熊红星，张璟，郑雪．方法影响结果？方法变异的本质、影响及控制［J］．心理学探新，2013，33（3）：195~199.
［252］徐长江，时勘．工作倦怠：一个不断扩展的研究领域［J］．心理科学进展，2003（6）：680~685.
［253］徐智华，刘军，朱彩弟．组织支持感对职业倦怠的影响：心理资本的中介作用［J］．现代管理科学，2017（7）：9~11.
［254］许璟，赵磊，魏丽华，等．组织支持感对组织认同的影响：内部人身份感知和自尊的

中介作用［J］. 心理学探新，2017，37（3）：275~282.

［255］许颖．差序氛围、组织支持感知与隐性知识共享之关系探讨［J］. 科技管理研究，2015，35（9）：133~139.

［256］杨陈，杨付，景熠．谦卑型领导如何改善员工绩效：心理需求满足的中介作用和工作单位结构的调节作用［J］. 南开管理评论，2018，21（2）：121~134，171.

［257］杨明，温忠麟，陈宇帅．职业胜任力在工作要求-资源模型中的调节和中介作用［J］. 心理科学，2017，40（4）：822~829.

［258］姚军梅．职业使命感、工作投入对职业成功的影响机制研究［D］. 长春：吉林大学，2017.

［259］叶宝娟，李董平，陈启山，等．青少年感觉寻求与烟酒使用的关系：一个有中介的调节模型［J］. 心理发展与教育，2011，27（4）：417~424.

［260］叶宝娟，温忠麟．α 系数的区间估计方法比较［J］. 心理科学，2013，36（1）：215~222.

［261］尹俊，王辉，刘斌．员工情感状态与工作满意度对工作绩效的影响：领导-部属交换的调节作用［J］. 商业研究，2013（6）：95~101.

［262］于桂兰，杨术．辱虐管理与员工绩效：员工沉默的中介作用［J］. 社会科学战线，2014（4）：34~43.

［263］余传鹏，林春培，姚聪．旅游业新生代一线员工服务绩效的影响机制——社会交换理论视角［J］. 旅游学刊，2018，33（12）：53~65.

［264］袁凌，李建，贾玲玲．基于资源保存理论的企业员工工作投入研究［J］. 东北师大学报（哲学社会科学版），2014（4）：95~101.

［265］张德．企业文化建设［M］. 北京：清华大学出版社，2004.

［266］张纪豪，郭舒婕，李永鑫．护士出勤主义行为的测量及相关因素（综述）［J］. 中国心理卫生杂志，2017，31（8）：595~599.

［267］张纪豪，郭舒婕，李永鑫．护士带病工作在工作家庭冲突与心理症状、工作满意度间的中介作用［J］. 中国心理卫生杂志，2018，32（6）：515~520.

［268］张静，宋继文，郑晓明，等．基于调节性中介模型的领导与下属特质正念对工作投入的影响研究［J］. 管理学报，2018，15（11）：1629~1637.

［269］张军成，凌文辁．组织政治知觉对离职倾向的影响：组织支持感被中介的调节效应模型［J］. 华东经济管理，2014，28（4）：109~114.

［270］张军成，凌文辁．组织政治知觉对研发人员工作态度的影响——基于资源保存理论的实证分析［J］. 科学学与科学技术管理，2013，34（2）：134~143.

［271］张莉，林与川，于超跃，等．支持资源作用下的工作-家庭促进：情感倾向的调节作用［J］. 管理学报，2012，9（3）：388~395.

［272］张莉，林与川．实验研究中的调节变量和中介变量［J］. 管理科学，2011，24（1）：108~116.

［273］张珊珊，张建新．领导-团队投入匹配对团队绩效的影响：团队满意度氛围的作用［J］. 心理科学，2014，37（1）：140~145.

［274］张生太，梁娟．组织政治技能、组织信任对隐性知识共享的影响研究［J］. 科研管理，

2012，33（6）：31~39.

[275] 张亚军，张军伟，崔利刚，等．组织政治知觉对员工绩效的影响：自我损耗理论的视角［J］．管理评论，2018，30（1）：78~88.

[276] 张铁文，甘怡群．中文版 Utrecht 工作投入量表（UWES）的信效度检验［J］．中国临床心理学杂志，2005（3）：268~270，281.

[277] 赵芳，等．健康生产力受损量表（SPS-6）中文版的信度和效度研究［J］．中华劳动职业病杂志，2010，28（9）：679~682.

[278] 赵瑜，莫申江，施俊琦．高压力工作情境下伦理型领导提升员工工作绩效和满意感的过程机制研究［J］．管理世界，2015（8）：120~131.

[279] 郑馨．创业导向与组织绩效关系的研究述评——从直接关系到调节变量和中介变量的引入［J］．研究与发展管理，2008（4）：96~100，123.

[280] 周海明，陆欣欣，时勘．时间压力何时增加工作专注——工作特征的调节作用［J］．南开管理评论，2018，21（4）：158~168，218.

[281] 周浩，龙立荣．共同方法偏差的统计检验与控制方法［J］．心理科学进展，2004（6）：942~950.

后　记

岁月不居，时节如流！

仍然清晰地记得2009年硕士研究生毕业时的激动心情，当时的年少与迷茫让我停止了学习的脚步，在之后的五年里，我拥有了稳定的工作，结识了我的先生，组建了幸福的家庭，生下了宝贝女儿。看着宝贝咿呀学语到蹒跚学步，看着周围的同学朋友都在进步与提升，我鼓起了勇气，选择了重拾书本，开始这段新的征程。作为老师、妻子、母亲、女儿，这条路远不如想象的顺利，但恰恰是过程中的艰辛与坎坷、积累与沉淀、坚持与希望才是这段旅程最大的收获。十年后的2019年，我即将完成博士研究生的学业，人生的十年一晃即逝，心中感慨万千。

感谢我的恩师周菲老师。周老师学术上治学严谨的钻研精神，生活中睿智乐观的处世哲学，工作时精益求精的认真态度，深深地影响着我，感染着我，也改变着我。初入师门，老师母亲般的关爱、包容与支持一直指导着我前行的方向。四年来的汲取与思考，让我从心智和认知上都有了不断的成熟与提高，从“没有可能”到“有可能”，从“无法想象”到“能够想象”，完成了一次次自我迭代，这些进步与提升离不开周老师的培养与鼓励，和榜样力量的存在。人生中能够相识并成为老师的学生，是我最大的幸运与福气。

感谢辽宁大学商学院的老师们。从精彩的专业课程教授与讲解，到经典的讲座和论坛，开阔了专业视野，提供了交流平台，为论文的选题提供了思路和方向。衷心感谢在论文选题与撰写过程中给予我悉心指导和点评的老师们，从研究方法、逻辑框架、问卷设计到实证过程，是老师们中肯与宝贵的意见为后期论文顺利完成打下了坚实的基础。此外，在日常管理与论文规范等方面，学院办公室的滕书娟老师等也付出了很多辛苦，在此表示感谢。

感谢我的朋友们。感谢同门优秀的师兄、师姐和师妹们给予我的帮助与支持，与她们的每次交流、沟通与探讨都是我学习与改变的动力；感谢商学院2015级全体博士研究生，一起学习生活的时光为我的学生生涯画上了圆满的句号，成为了珍贵的回忆；感谢我的朋友董维、柳晓波、常明哲、赵丽娇、刘姗姗以及很多很多在我生活、学业和工作中给予我鼓励、带给我感动的朋友们，让我的人生道路充满了阳光与温暖。

感谢我的家人。感谢辛苦养育自己和给予无条件支持的爸爸妈妈，你们的谆谆教诲一直是我奋勇前行的动力和依靠；感谢包容和理解我的公公婆婆，你们的辛苦付出和对宝贝的细心照顾，我才有时间和精力完成我的学业和深造；感谢我的爱人李大伟先生与可爱的李芮含小朋友，风雨路上的相互陪伴与鼓励，让我们的家多了欢声笑语变得更加温馨与幸福，让我前行的路上不再孤单。求学过程中虽然少了很多陪伴家人的时间，但他们的爱永远是温暖的港湾。

最后，感谢一直坚持不懈、砥砺前行的自己。人生最大的幸福莫过于感受得到自己的成长与进步，这段奋力奔跑、拼尽全力的日子会封存在记忆里。希望自己做个永远的追梦人，拥有一颗感恩的心，撸起袖子创造属于自己的幸福和未来，勇敢的开启下一段未知的新征程。

邱 菊

2019年7月